性暴力を受けた
わたしは、
今日もその後を
生きています。

はじめに

二〇二三年春。わたしは、ホコリだらけのぬいぐるみを拾い上げながらぷりぷり怒っていた。

「どうして都会の子には、こんなにたくさんのおもちゃが必要なんだろう」

窓を開けてホコリっぽい空気を逃がす。そのまま窓辺に腰かけると、春の東京の空に、飛行機雲がかかっていた。空の色に目を奪われながら、考える。子ども時代のわたしは、ぬいぐるみなんて数えるほどしか持っていなかった。おもちゃ屋が近所に一軒《けん》もない田舎町に生まれたということもあるけれど、あの頃のわたしは、おもちゃがなくてもちっとも寂しくなんてなかった。あの子がいてくれたからだ。

春になれば野山に分け入り、いろいろな形の葉っぱでパーティをした。石や小枝を集めては、わざとおかしな名前をつけ、魔法遣いごっこをした。松の木の枝にロープと板を括《くく》りつけてブランコをつくり、もっと広い世界を見たいという気持ちを爆発させた。おもちゃなんかなくても、工夫を凝らして夢中で遊び続けているうちに、あっという間に日は暮れた。空がオレンジ色に染まっても、もっと遊びたいと駄々《だ》をこねた。あの子と離れたくなくて、手を振りながらこっそり涙をぬぐった。

今はあの町を遠く離れて、東京に住み、ふたりの小学生の女の子を育てている。自分の娘たちに、遊びの天才だった子ども時代のことを教えてあげたいと思う。それなのに、いつもうまく話せない。性暴力サバイバーである自分自身のことを、そして今はもういなくなってしまったあの子のことを、どう語ればいいのかわからなくなるのだ。

「もう少し時間が経てば、上手に話すことができる」

そう思いながら、ずいぶん時が経ってしまった。

だからこの本に、あの子とわたしの物語を書くことにする。

もくじ

性暴力を受けたわたしは、今日もその後を生きています。

この本には性暴力の現実が書かれているため、被害経験のある方は、お読みになってフラッシュバックが起こるかもしれません。また被害経験のない方も、強い衝撃《しょうげき》を受けたり、社会の理不尽さに怒りが抑えきれなくなったりする可能性があります。そのような場合には休む時間を取りながら、ご自分のペースでお読みになることをお勧《すす》めします。被害について相談したい場合は、警視庁の性犯罪被害相談電話「＃８１０３《ハートさん》」や、各都道府県に設置されているワンストップ支援センター等の相談機関をご活用ください。

1 「なぜこんなに苦しいのだろう」

――未成年への性暴力

言葉にできない気持ち

一九八一年、わたしは新潟県に生まれた。毎日野山を駆け回り、真っ黒に日焼けした子に育った。そんなわたしが小学校に入ると日焼けをしなくなった。字を覚え、本を読むことに没頭するようになったからだ。町には本屋がなかったので、図書室に通った。ランドセルがパンパンになるまで本を詰め、さらに一冊を手に持ち、それを読みながら家に帰った。

ある日の昼休み、校長先生が図書室にやってきた。

「お勧めの本はどれですか?」

わたしはドキドキしながら東の端《はし》にある棚《たな》のところへ歩いていき、自分にとって特別な一冊を取り出した。それは、隠れキリシタンについて書かれた歴史小説だった。江戸時代の終わり、禁じられたキリスト教を信仰していた長崎の離島の人びとは、上手に信仰を隠しながら、自分の心の平穏《おん》のために大切に信仰を守って暮らしていた。しかし物語が進むと、領主の命によってたくさんのキリシタンたちが殺されてしまう。

わたしはその本を、すでに何度も繰《く》り返し読んでいた。どうしてこんなことが許されてしまったのかと驚いたからだ。次に、自分の心の真実を禁じられながら生きた人たちについて考えた。江戸時代の終わりに彼らの生きざまを目撃《もくげき》した人たちがいて、書き遺し、語り継《つ》ぎ、それが後世において、こうしてひとりの小学生に届けられた。それは奇跡《きせき》に思えた。言葉ってすごい。時間も空間も超《こ》えるんだ。歴史を動かすんだ。ただ、感動しながらも、その爆発的な気持ちをどう扱っていいかわからず困っていた。

当時のわたしには、伝わるかどうかということは、とても重要な問題だった。ある「言葉にできない気持ち」が芽生えはじめていたからだ。それをどう伝えるべきかと悩み、言葉を探しながら、図書室の本を手当たり次第に読み漁っていた。

ドキドキしながら本を手渡すと、校長先生は、

「じゃあぜひ読んでみます」

と言ってそれを受け取った。

この時わたしは、将来は本を書く人になりたいと初めて思った。

大人になったら何になる

生まれたばかりの夢を抱えて、わたしは幼馴染《おさななじみ》のあの子のところまで駆けていった。

その頃、幼馴染の彼女もまた野良遊びを卒業し、自分自身の世界を築き始めていた。スタジオジブリの映画『風の谷のナウシカ』に夢中になって、絵を描くことに没頭していたのである。なかでもユパ・ミラルダという剣士が大のお気に入りだった。だからこの本では、彼女のことをユパと呼ぶことにしようと思う。

ユパは優しさと勇敢《ゆうかん》さの両方を持っている子だった。たとえば弱い者いじめを見れば、決して見過ごすことはなかった。相手が男子だろうが上級生だろうが大人だろうが、臆《おく》することなく立ち向かっていき、まっすぐに意見する。一方で虐《しいた》げられて弱っている存在にはとことん優しかった。

「将来は本を書く人になりたい」

と打ち明けると、ユパは声を弾《はず》ませて

「じゃあ、その本の挿絵《さしえ》をわたしに描かせて！」

と言った。わたしたちはその日、夕日を背に指切りゲンマンをした。

「大人になったらふたりで本を作ろう」

でも、その夢が叶《かな》うことはなかった。数年後にユパが亡くなってしまったからだ。

一体どうしてそんなことになったのかというと、中学生の時に、全校生徒を巻き込んだいじめに呑《の》み込まれたからである。

意見を言う親の子

兆候は、小学生の頃にすでに現れていた。たとえば、わたしが本を抱えて下校する時、植え込みの向こうから小石が投げられてくることがしばしばあった。囃《はや》し立てる声が聞こえてきた時に、狙《ねら》って投げられたということはすぐにわかった。ユパは、もっと露骨に無視をされていた。

わたしたちふたりは、こうしたいじめの原因を自覚していた。わたしたちの町には原子力発電所があり、わたしたちの親は原子力発電所に対する「意見を言う」タイプの親だったからだ。

家の近くに原子力発電所があると、大人も子どもも原発についての意見を言うことをしなくなる。二〇二三年現在で言うと、北海道の寿都《すっつ》町が、あの頃のわたしたちの町と同じような状況にあると思う。二〇二〇年に使用済み核《かく》燃料の最終処分地としてふさわしいかどうかの文献《ぶんけん》調査に応じることを宣言した寿都町では、住民同士の対話の場が持たれても話し合いにならない状況だという。これは町民に話し合う能力がないということでは全くない。国政で結論が出ていないことを「町民同士で話し合ってください」と言われても、感情的な対立にしかならないだけのことだ。大人たちは次第に「意見を言う」こと自体ができなくなり、結果として、コミュニティは徹底《てってい》的に破壊《はかい》されていく。

わたしとユパが生まれ育ったのも、ちょうど同じような環境だった。旧知の仲で顔を合わせても、原発のことが話題に出れば大人たちは喧嘩《けんか》になってしまう。町じゅうが奇妙な緊張感に満ちていた。そして誰もがどこか上の空だった。原発とは全く関係のない当たり障りのない会話をしている時でも、大人たちは目を合わせず、常に怒気《どき》を含《ふく》んだ声で話していたからだ。実際のところ、この地域で生きていくためにはそうするより他に術がなかったのかもしれない。諍《いさか》いたくないからこそ、なるべく黙《だま》っている。一番気になっていることを口に出さず、表面だけ取り繕《つくろ》った会話をするのだ。

この地にたまたま生まれ落ちたわたしたちは、物心ついた頃から、なぜいつもこんなに苦しいのだろうと感じていた。それが、心に芽生えた言葉にできない気持ちの正体だった。大人になった今、そうした環境をたとえて言うなら、言葉の砂漠《さばく》のようだったと思う。そうした環境にあっても意見を言うことを諦《あきら》めないわたしとユパの親のような存在が、同級生たちの家庭で悪しざまに言われていることはわかっていた。この苦しさについて、わたしは誰のことも恨《うら》んでなどいない。ただ事実として、小学生の力ではどうすることもできなかった。授業やクラブでリーダーを務めようが、得意の絵で金賞を獲《と》ろうが、この砂漠のような環境を変えることはできなかった。結局いつも教室のわたしたちは、「意見を言う親の子」としてどこか違う存在として見られていた。そして、そうしたことすべてを受け入れて生きざるを得なかった。

お気楽なもので、小学校の校長先生や担任の先生が、こうした環境の本当の意味に気づくことはなかった。小学生の頃はまだ、わたしやユパがやり過ごしていれば「児童の健やかな学び」は滞《とどこお》りなく進んでいくレベルだったからだと思う。それがやり過ごしきれないレベルにまで一気に壮絶《そうぜつ》なものとなったのは、中学生になってからだった。

言いがかりをつけられる理由なんてありません

中学生には鉄の掟《おきて》があるという噂《うわさ》があった。女子生徒は必ずショートヘアにしなければならないらしい。一ミリでも髪《かみ》の毛が眉《まゆ》毛や耳にかかってはいけないらしい。もちろん、実際そんな校則があったわけではない。誰がいつ頃決めたのかも、根拠も効果も不明。明文化されておらず口伝《くでん》のみという、非常に理不尽《りふじん》な掟だった。

そして象徴《しょうちょう》的だったのは、入学式の日に、校門で上級生が新入生の髪形をひとりひとりチェックするというデモンストレーションの場が用意されていることだった。今になって考えてみると、これは「たとえそれが理不尽なものであってもルールに従う。異を唱えない」という態度を受け入れるかどうかを試すための、ある種の踏《ふ》み絵だったのだと思う。それは町の大人たちが選ばされている生き方そのものだからだ。

この踏み絵を、ユパは断固として踏まなかった。

入学式の日、校門には上級生女子が勢ぞろいしていた。以前は優しかった近所のお姉ちゃんがその列の端っこの方にいるのを見つけた。けれど、小学生の時とはまるで別人のように硬い表情をして立っていて、絶対に目を合わせてはくれないのだった。

「合格。通ってよし」

通された一年生は、安堵《ど》して歓《かん》声を上げる。一方で横の髪が耳に触《ふ》れているなど、何かしら突っ込みどころのある子は通してもらえず、突っつきまわされた。身長が高かったわたしも、スカート丈が短くなってしまっているということで呼び止められた。腰のところでたくし上げているのではないかと言われ、お天道様の下でスカートのなかを確認されて顔から火が出た。

そこへユパがやってきた。彼女は髪を切っていなかった。わたしのスカートをつまんでいた先輩《せんぱい》たちが、一斉《せい》にユパに詰め寄る。

「テメー、舐《な》めてんのか」

「調子乗ってんじゃねーぞ、コラ」

すると、ユパは毅然《きぜん》と言い放った。

「うるせぇですよ。そんな言いがかりをつけられる理由なんて、ひとつもありません」

そして呆気《あっけ》に取られている上級生を押しのけると、悠《ゆう》々と関所を突破し、胸を張って校舎へと入って行ったのだった。

すぐに、中学校全体を巻き込んだ壮絶ないじめが始まった。ユパと並んで歩けば、廊下《ろうか》をまっすぐに行くことはできなかった。三メートルおきくらいに上級生の女子とすれ違う。そのたびにほとんどすべての上級生が「髪を切れ」「きもいんだよ」「タルんでんじゃねーよ」と言いながら足を踏んだり、ドついたりしてくる。やっとの思いで教室に辿《たど》り着くと、今度は教室の同級生たちが彼女をバイ菌《きん》扱してからかってくるのだった。それを見ても先生は何も言わなかった。

一方、男子にはとくに大した掟はなく、

「女子って大変だな〜」

と呑気《のんき》に言っていた。この非対称性《たいしょう》には、違和感を覚えずにいられなかった。

残酷《ざんこく》な日々に対して、ユパは素晴らしい勇気とユーモアをもって対処した。すでに怖気づいてショートヘアになっていたわたしは、いつも彼女の隣《となり》にいて、彼女を尊敬のまなざしで見つめていた。しかしある日を境に、ユパはすっかり別人のように変わってしまったのである。

壊されたユパの心

その日の朝、わたしは教室の自分の席に座って、ユパが登校してくるのを待っていた。そろそろ、彼女が勇気の証であるロングヘアをなびかせながら登校してくる時間だ。すると彼女の席へ、見慣れない散切り頭の男子生徒がやってきて座ったように見えた。散切り頭なのに、制服の襟《えり》元にリボンを結んでいた。おかしいと思い、駆け寄って近くで見ると、それはユパだった。まるで引きちぎられでもしたようにめちゃくちゃに髪の毛が刈《か》られており、頭皮から血を流していた。

「どうしたの?」

「自分で切った」

マネキンが話しているように、彼女の声には生気が全く感じられなかった。まるで知らない人と話をしているようで、わたしは全身に鳥肌《とりはだ》が立つのを感じた。

「は、はさみで？」

「うん」

「どうして？」

「強くなりたかったから」

ユパの言葉は要領を得なかった。わたしに何かを「伝えない」ようにしていると感じた。

見ると、鏡を見ずに切ったためか、後頭部の皮膚《ひふ》まで切り落としてしまっており、赤と白の肉が露出していた。白い制服の襟が、流れ落ちる血で赤く染まっている。わたしはユパに肩《かた》を貸し、何とか立ち上らせた。教室を出る時、背中越《ご》しに、「キモチワルーイ」と言う女子の声と、それに反応して笑う男子の声が聞こえた。

保健室へ向かう途中、廊下ですれ違う先輩たちからも罵声を浴びた。

「お前また変なことやってんのかよ」

「いい加減にしろよ」

女子も男子も、血だらけのユパを愚弄《ぐろう》する言葉を、ここぞとばかりに投げつけてくる。今考えれば、完全に学校全体が常軌《じょうき》を逸《いっ》しており、集団リンチのような状況になっていた。わたしはとにかく何があったとしても絶対にユパと離れないことを誓《ちか》いながら、必死に保健室をめざした。

でもそれ以来、彼女が学校にくることはもうなかった。プリントなどを持って何度もユパを訪ねたけれど、「強くなりたい」「勇気がほしい」と繰り返すだけで、決して、一体何が起きたのかを分かち合ってはくれないのだった。

ユパが去った学校で

今度はわたしが剣士ミラルダになる番だった。「ユパを壊された」と憤り、これまでの上級生からのいじめがどんなひどいものだったかを、担任の先生に直訴したのである。先生は真剣な顔で何時間も話を聴いてくれた。けれども、なぜか正式に取り合ってはもらえなかった。そこでわたしは、先生に信頼されるためによい成績を修め、クラスの課題のまとめ役を買って出たり、薦《すす》められるままに学級委員を務めたりした。それでも、なぜかユパのことだけは取り合ってもらえなかった。理由を尋《たず》ねると、

「あの子にもいじめられるだけの原因があったんじゃないかな。自治っていう言葉があるよね。知っているかな。先生たちは、生徒同士のことは、生徒に任せているんだよ」

という答えが返ってきた。自治があるとしても、ユパが血だらけになるような理由

が存在するとは思えず、大人たちがなぜ傷ついたユパを守ってくれないのか、わたしには全く理解ができなかった。

その頃ユパは、ついに精神病院に入院してしまっていた。そのせいで彼女に会うことはますます難しくなっていた。わたしは孤独《こどく》だった。納得できないままに月日が流れた。学校ではユパの存在は過去のこととして扱われるようになり、誰も話題にしなくなっていった。わたしは敗北感を募《つの》らせ、ユパを取り戻《もど》すことができない自分など、存在する意味がないと思い悩んだ。ユパのいいところを書いた学級新聞を勝手に作り、壁《かべ》に貼《は》り出し、何者かに破られたりもした。ただ、ただ、ユパに会いたかった。

中学二年生になったある日、下校しようとしていたところを学年主任の先生から呼び止められた。

「池田さん、君、次の生徒会選挙で生徒会長に立候補しないか」

わたしは迷うことなく、その場ですぐに断った。

「どうして……正直、先生には池田さんしか考えられない。生徒会は自治を学ぶいいチャンスになると思うよ。立候補するだけでもしてみたら？　気が引けるようなら副会長でもいいよ」

「絶対に嫌《いや》です。ユパのことがちゃんと認められない学校で、生徒会に入りたくなんてありません」

わたしがそう答えて以降、立候補を薦められることは二度となかった。

精神病棟《びょうとう》でユパが自殺したのは、それから三年後のことだ。

大人たちの面子

ご葬儀は大混乱だった。棺《ひつぎ》のなかの彼女は、全く穏やかな表情ではなかった。それが悲しくて仕方がなく、わたしは腰が抜けそうなほどに泣き続けた。出棺《しゅっかん》の時、五〇人前後の地域の人たちが野辺送り（わたしたちの生まれた地域では、地域ぐるみで死者を葬《ほうむ》った時代の名残から、出棺の見送りをこのように呼ぶ）に集まっているのが見えた。その真ん中に霊柩《きゅう》車が見え、ついに彼女が本当に逝《い》ってしまうのだと悟《さと》ったわたしは、腰が抜けているのに、霊柩車に体当たりして彼女の遺体を奪い返したい衝動に駆られていた。

まさにその瞬《しゅん》間、わたしは突然怒鳴られた。

「泣くんじゃない！」

耳がキーンとするほど大声でわたしを怒鳴りつけたのは、中学校の校長先生だった。出棺のタイミングになってようやく顔を出した様子だった。

「いじめなんかなかったんだ。そうやってお前が泣いて騒《さわ》ぐから、あの学校ではいじめがあったとか、この学校はちょっとおかしいんじゃないかとか、地域から誤解をされるんだ！」

こんな時まで校長先生は、自分の面子が潰《つぶ》されることを心配して怒っているのだった。わたしは驚きと怒りで窒息《ちっそく》しそうになって、その場にへたり込んだ。校長先生の後ろにいた担任の先生が駆け寄って、わたしを支えた。何時間話をしても、「自治」と言って何も動いてくれなかったあの先生だった。

今さらわたしを支えたって、意味なんかちっともない！と叫びたかった。ただ、その時、先生の表情を見て、わたしは、なぜ当時自分の訴えが認められなかったのかを少し理解した気がした。担任の先生は、きっと個人的には「動きたい」という気持ちを持っていたのだろう。自分の面子のために担任の先生に「自治」と言わせていたのは、校長先生だったのだと直感的に理解した。

ユパのお葬式は、こうして校長先生がわたしを怒鳴りつけるという大混乱により幕を閉じた。地域の人たちがそれを静かに見ているさまは、新聞の風刺画《ふうしが》のようにシュールな記憶としてわたしのなかに残っている。その時、大人たちはいつも通り、誰も何も言い返さなかった。皆もう、今から二六年前にそんなことがあったなんてすっかり忘れているのかもしれない。だけどわたしは、あの時何も言い返せなかった自分の無力さを、今でも忘れられずにいる。

性暴力を理解するという宿題

それからのわたしは、魂《たましい》の抜けたような日々を過ごしていた。勉強も適当にしかしなくなっていた。起き上がる気力も起きず、本を書く人になるという将来の夢もどうでもいいと思っていた。なぜ唯一無二《ゆいいつむに》の親友を喪《うしな》ってしまったのか、さっぱりわからなかったからだ。

そんなある日、ひとりの友人がわたしに話しかけてきた。ここにそのままを書くことはできないが、彼女はわたしに、ある秘密を教えてくれた。それは、あの日ユパに起きたこと、つまり「ユパが女の先輩数人から性暴力を受けた」ということだった。当時はまだ性暴力という言葉がなく、起きたことを伝えるもっと生々しい言葉だったけれど、その出来事がユパを壊してしまったのだということは、わたしにも理解できた。

「これはなんなんだろう」

世界ごとぐらぐらと揺さぶられるような、激しい動揺を感じた。わたしには、性的な存在として扱われるというのがどういうことなのかがまだよくわからなかったが、「嫌よ嫌よも好きのうち」という言葉は聞いたことがあった。でもユパにとっては、その行為が死ぬほど嫌なことだったのだ。される側にとって嫌なことではないのならば、死ぬ必要なんかないはずなのに、彼女は死を選んだ。打ち明けてくれたらよかったのにと思い、すぐに、どう打ち明けたらよいのかがわからなかったのかもしれないと思った。さまざまな矛盾がわたしの心をとらえ、次から次へと湧きあがる疑問に、脳をパンチされ続けているような感じだった。

その時、ひとつのことを直感的に理解した。それは、本当に強い人から強さを奪うために、上級生たちがわざと性をからめた暴力をふるったということだった。踏み絵を踏まず、全校生徒によるいじめにも動じることなく立ち向かうユパが、嫌がることすらできないように。それは究極の暴力だと思った。

強烈《きょうれつ》な寂しさを感じた。同時に、密度の濃い憎しみが湧き起こった。それは上級生や大人たちへの憎しみでもあり、同時に、ユパを助けることができなかった自分自身への憎しみでもあった。わたしには生きている資格がないと感じ、その瞬間、暗闇《くらやみ》に放り出された。それが一六歳のわたしの精神の限界だったのだと思う。自分に対する憎しみに呑み込まれるようにして、わたしはなぜか、ユパが性暴力に遭《あ》ったという事実をすっかり忘れてしまっていた。

一六歳、言葉の砂漠に立ちすくむ

ユパはわたしに、性暴力を理解するという宿題を出した。

トラウマについて学んだ現在なら、それが衝撃《しょうげき》的な出来事の後に典型的に起こる解離《かいり》性健忘《せいけんぼう》の症状だと理解できる。でも、当時のわたしにはそんな知識はなかった。なぜユパを喪ったのかと考えはじめると、頭に靄《もや》がかかったようになってしまい、思考が先に進まなくなる。考えても何の糸口もつかめず、頭が痛くなってうずくまるということを毎日繰り返すようになった。

トラウマとは、命の危険を感じるような受傷体験を指し、日常生活のなかで起こる通常の嫌な出来事とは区別される。だから、友を喪うというたったそれだけのことを、果たしてトラウマと呼べるのかと感じる人がいるかもしれない。実はわたし自身もそう考えて生きてきた。でも今は、たったそれだけというかつての認識は間違っていたと思う。記憶を取り戻した今になって感じるのは、当時一六歳だったわたしには、性暴力というものを理解することは不可能だったということだ。事件現場であるコミュニティで生き続けざるを得なかった一〇代の自分には、これは非常に恐ろしいことだった。理解できない暴力がユパを狂わせたという事実は、モンスターのようにわたしの精神を食い荒らした。

残酷だけれど、あの時に記憶をいったん失うことができたおかげで、わたしは生き続け、人生という海原へ漕《こ》ぎ出すことができた。そして自分にとって安全なコミュニティに辿り着けた時に、ようやく、一連の出来事を思い出すことができたのである。

わたしたちは、一緒《しょ》に本をつくるという約束を果たすことはできなかったけれど、この本には、ユパの出した宿題に取り組んだ時間が詰まっている。だからある意味では、一緒に作った本なのかもしれないとも思う。

最初は、この重すぎる宿題に対して、真正面から取り組むことができなかった。取り組もうと思ったきっかけは、ユパを喪った後に、わたし自身がいくつかの性暴力を経験したことだった。あまりにカジュアルに性暴力が存在している社会について知るうちに、真剣に考えずにはいられなくなったのである。そして考えたことを文章に綴《つづ》るようになった。

性暴力を「受けた側」から書くことは、決して簡単なことではなかった。とても惨《みじ》めな気持ちになるからだ。それでも何年もかけて歯を食いしばって向き合ううちに、ようやくさまざまなことを自分の言葉で伝えることができるようになったと思う。その間わたしを支え続けたのは、家族と、仲間と、「強くなりたい」というユパの言葉だった。

ユパがこの世を去ってから、二〇二三年で二六年になる。この間、社会は大きく変化した。刑法は一度改正され、今、さらなる改正が模索《もさく》されている。性暴力についての認識は、日々アップデートされ続けている。でもこの時はまだ、そんな未来がやってくるのはずっとずっと先の話だった。親友を喪った一六歳のわたしは、シンプルな孤独と無力感を抱え、言葉の砂漠に立ちすくんでいた。

2 「体が動かない。これは夢かな」

――知らない人からの性暴力

言葉を奪われるような経験

記憶のピースを失った一六歳のわたしは、再び本を漁《あさ》るように読み始めた。ある時、一冊の本のなかに、ユパにそっくりな表情を浮《う》かべた少女の写真を見つけた。髪の毛を丸刈りにされたユダヤ人の少女の写真だった。見ていると頭が割れるように痛んだが、その少女の瞳《ひとみ》が瞼《まぶた》の裏に焼きついたようになり、忘れられなくなってしまった。本には、第二次世界大戦中、ユダヤ人の人権をないがしろにする多くの行為が行われたと書かれていた。

わたしは、ユパの葬儀で校長先生に怒鳴られたことや、ユパが学校にこなくなって清々した顔で生活する上級生たちのことはよく覚えており、彼らの様子が、ユダヤ人をガス室へ送ったという収容所の看守のイメージと重なった。わたしにはありありと想像することができた――誰もこの少女の言葉を聞かなかったこと。そして起こるべきではないことが起き、この少女が殺されたこと。この子は言葉を奪われた――それはユパも同じだと感じた。

わたしは将来の夢を変更することにした。国連の職員になって、もう絶対に収容所を作らせない。それが自分の使命だと考えると、目の前を塞《ふさ》いでいた靄《もや》がスーッと晴れていくように感じた。わたしは両親を説得し、大学に進学することにした。

七月、大学生になって初めての試験シーズンがやってきた。すべての科目でトップの成績をとることを目標に掲《かか》げていたわたしは、英語の試験の前日、明日が自分の誕生日だということも忘れてノートを広げていた。

一八歳最後のその夜は、飛び切り蒸し暑かった。ひとり暮らしのアパートにはクーラーがなく、窓を網戸《あみど》にしていた。机に向かって問題を解いているうちに、暑さにすっかり疲れてしまい、布団の上に腹ばいになると、横になったままでさらに単語帳をめくった。ほとんどの単語を完璧《かんぺき》に覚えていることを確認して安心したわたしは、そのままの姿勢で眠ってしまったようだった。

バラバラにされた自分

「おい」

何者かに頬《ほほ》を叩《たた》かれて目を覚ました。勉強するために点けていた蛍《けい》光灯は、なぜか消されていた。寝ぼけながら「体が動かない。これは夢かな」と思った。見ると、覆《ふく》面《めん》の男が腹の上に座っており、わたしの頬を叩いて起こそうとしている。「泥棒《どろぼう》だ」と思ったが、もうその瞬間から声が出なかった。意識して声を出そうと頑張《がんば》っても、全く声は出なかった。自分の無力さにショックを受けた。

暗闇のなかで、男は何か丸いものを取り出すと、バチバチと音を立ててそれを引き伸《の》ばした。そして手際よくわたしの手足を縛《しば》り始めた。丸くて長いものはガムテープだった。あっという間に、全く身動きが取れなくなっていく。口も塞がれた。

このまま殺すために縛っているのかもしれない。ナイフで刺されるのだろうか。どれくらい痛いのだろう。血が出ることになる。それか、このまま鼻をテープで塞がれたらどうしよう。二年ほど前に触れた、棺桶《おけ》のなかのユパの頬の冷たさを思い出した。自分にはもう明日という日はやってこないのだと思った。次に太陽が昇るのを見ることもない。あんなに勉強したのに。せめて最後にテストを受けてから死にたかったという想いが湧いてきて、我ながら馬鹿げていると思った。馬鹿げていると思える程度には、冷静な自分がいることにも驚いた。

縛り終えると、泥棒は、いきなりわたしのパンツを引きずり下ろした。わたしはものすごい衝撃を受け、ようやく泥棒の目的に気がついた。レイプだ。パニックになったが、体は縛られており、全く動かなかった。そのまま泥棒が慣れた手つきでわたしの体を犯し始めると、わたしは自分の頭や心がふわーっとした感覚に襲《おそ》われるのを感じた。それはまるで、新聞の朝刊が空中に放り投げられるシーンのようだった。新聞に書かれているいろいろな記事は、社会面や文化面、経済面などに分類して刷られている。まるで風に吹かれて一枚一枚バラバラになる新聞紙のように、わたしは一瞬にして分類され、幾《いく》重にも解《ほぐ》れていった。地震が起きた時に、大地に亀裂《きれつ》が入って断層がずれる時のように体がガクンとした。自分のなかの重い部分は鉛《なまり》のようにさらに重さを増し、軽い部分は一気に上空へと飛ばされていくようだった。軽さと重さが幾重にも入り混じった複雑な状態になり、それぞれの自分が別なことを観察し、あるいは観察せず、ものすごいスピードで、お互《たが》いに全く違うことを考えていた。

ひとりの自分は、さっき覚えた英単語をブツブツと反芻《すう》していた。殺されるかもしれないけれども、殺されなかったら、この時もまだ明日テストを受けるつもりでいたからだ。

もうひとりの自分は、まるで他人事のように、泥棒がすることをつぶさに観察していた。彼女はこれを、のちに国連で報告しようと考えていたのだ。

また別の自分は、「この出来事の意味って何だろう」と理屈っぽく考えていた。

これとは別に、「この人にこの行為を止めてもらえるにはどうしたらいいのか」と分析《ぶんせき》している自分もいた。

ほかにも何人かのわたしがいたかもしれないが、何人いるかを把握《はあく》することができないくらいに混乱した時間がしばらく続いた。

自分の体をいらないと感じる

泥棒が部屋を出ていく時、空はもう白んでいた。気がつくと、わたしを縛っていたガムテープはすでに剥《は》がされていた。

泥棒は何かのついでのような調子で、わたしに「金を出せ」と言った。お財布を覗《のぞ》くと二千円しか入っていなかった。所持金の額を告げると、泥棒は「それでもいいから渡せ」と言った。わたしは、なぜか悔《くや》しくて悔しくて仕方がなくなった。

「この二千円は、父と母がわたしのために一生懸命《けんめい》働いて送ってくれた二千円です」

震える声でそう言って、わたしはわんわん声をあげて泣いた。お金なんてどうでもいいと思っているのになぜこんなに悲しいのか、自分でもサッパリわからなかったけれど、止めることができなかった。泥棒は心底面倒くさそうにわたしの手からお札を奪い取り、堂々と玄関から出ていった。玄関のドアが音を立てて閉まるのを、わたしはフローリングに倒れて聞いていた。

しばらくしてから、わたしはむっくりと起き上がり、自分が生き残ったことに気がついた。見た目には何も変わっていない。それなのに、さっき一度死んでしまったような感じがして、これから先の人生を生きていくのを嫌だと思った。わたしはその気持ちを認めるもんかと思いながらも、はっきりと、自分の体を邪魔《じゃま》だと感じた。やっぱり何かがおかしかった。

「生き残ってよかった」

わざと声に出して言ってみたけれど、生き残ってよかったとは全然思えなかった。

「これは、大したことじゃない」

もう一度、声に出して言ってみたけれど、判断がつかなかった。

眠り方を忘れる

数時間後、一睡《すい》もできないままにテストを受けた。しかし、その日から本当に一睡もできなくなってしまった。アパートの部屋のなかに留まっているだけで、莫《ばく》大なエネルギーを吸い取られていく感じがした。疲れているのに、横になることができない。布団に入ることができない。目を閉じることができない。その間に、また腹の上に男が座っているかもしれないからだ。

あべこべに「アパートの外の方が安全なのではないか」と思えてきて、いてもたってもいられず、気を失うくらい大量のお酒を飲んで、幹線道路沿いの植え込みや、公園の大きな樹の下に隠れるようにして眠った。上手に隠れないと、通行人に見つかり、「大丈夫ですか⁉」と助け起こされてしまう。全く酔《よ》っていなかったけれど、見つかると酔っ払いのふりをして、ヘラヘラ笑ってやり過ごした。

もちろん、外で眠るのは普通ではないことだとわかっていた。こんな常識外れの行動をとる自分が嫌だったし、こんな自分に対しても親切心を向けてくれる他人がまだいるという事実には、少し感動した。けれど正直に言うと、少しでも眠らせてほしかった。何よりもあまり大げさに驚いてほしくなかった。わたしは普通の人間なのに、普通ではない人になってしまったみたいで、とにかく惨めな気持ちになるからだ。わたしはただ祈《いの》るような気持で、安全に眠れる場所を探していた。でもそんな場所はすでに地球上から消え去っていた。

あの事件以来、自分の体に愛着というものが湧かなくなってしまっていた。収集され忘れた生ごみのような体で生きていても、人間のように悩んだり、苦しんだり、眠くなったりする。煩《わずら》わしく、不思議だった。

何回かの騒ぎを起こした後に、外で眠ることをいったんは諦め、別な作戦に切り替えることにした。明け方に走りに出かけ、一時間近く全力で走って、そのまま倒れるように眠るという方法だった。夜じゅう眠れないまま起きていて、走り出す時点でかなりヘトヘトになっているということが前提の作戦だった。

夜になったら眠るのが当たり前だと、誰が決めたのだろう。そう思いながらアパートの部屋で夜じゅう闇を見つめていた。今ここに犯人はいないはずなのに、再び投げ出された新聞紙のようにバラバラな状態になり、同時に複数の考えが進行する。眠ろうとしても、さまざまな考えが雪崩《なだれ》のように襲ってきて、まんじりともできなかった。

太陽が昇り始めると同時にランニングに出かけた。心臓発作が起きそうなくらい体を疲弊《ひへい》させれば、少しは眠ることができた。

レイプとセックスの違い

その時、夜の闇のなかでとくに繰り返し考えていたのは、泥棒がわたしをモノのように扱ったことだった。そして、セックスというものがよくわからないということだった。これは以前、ユパを喪った後に一度感じた疑問だったが、この時はそのことをすっかり忘れていて、あくまでも自分自身のこととして悩んでいた。

レイプとセックスの違いとは何なのだろうか。その答えを、わたしはどうしても手に入れる必要があった。わたしはあの夜起きたことをレイプだとはっきり考えていたけれども、もしかすると泥棒の方は「あれはセックスだ」と考えているかもしれないからだ。泥棒がまた戻ってくるかもしれないと考えると、アパートの部屋で眠ることなどできるわけがなかった。

もうひとつ考えていたのは、性的な存在として扱われるということそのものについてだった。泥棒はわたしのことを、どうでもいい存在として扱った。どうでもいい存在だから窓から忍《しの》び込んだのだし、腹の上に座ったのだし、顔をバチバチ叩いたのだし、ガムテープで縛り上げたのだ。さらに、悲鳴を上げさせないために口までもガムテープで塞いだ。恐怖で、悲鳴なんかもう出なかったのに。窒息して死んでしまう可能性だってあったのに。きっと間違えて死んでも別にいいと思っていたのだろう。その時の泥棒の態度のひとつひとつを思い出すだけで、圧倒的な無力感に支配され、動けなくなった。それらはすべて、「お前の苦しみや考えなどどうでもいいのだ」という考えをはっきりと示していた。本当にショックだった。でももっとショックだったのは、もしかしてそれこそが、人を性的な存在として扱うことなのだろうかと思ってしまったからだった。

ユパの名を呼びながらアパートの部屋をぐるぐる歩き回り、のたうち回った。自分でも何かがおかしいと感じていた。ユパと性に関して語り合ったことなど一度もなかったはずなのに、今のわたしは一方的かつひどく熱心に、彼女に向かって性にまつわることばかりを問い掛《か》け続けている。ユパが生きていたら「色惚《ぼ》けになったのか」と笑われるかもしれない。そんなふうに考えて切なくなった。この苦しみは、ユパの抱えていた苦しみと比べて、どちらが大きいのだろうと思った。まさか彼女と同じ苦しみを味わっているとは露知《つゆし》らず、わたしは頭のなかで、なぜ死んでしまったのか、なぜ傍《そば》にいてくれないのかと、毎夜ユパを質問攻めにした。

暗闇を生きるという決意

当時、ユパに会いたくてビルの屋上にある柵の前に立ったのは、一度や二度ではない。柵を実際に乗り越えたこともあった。そこから飛びたいという気持ちが強くあった。わたしには、レイプされた自分の体を、一刻も早くこの世から消し去りたいという途切れることのないニーズがあったからだ。でも飛ばなかった。そこにはふたつの理由があった。

ひとつ目の理由は、ユパの死を通して、飛び降りた後に起きることを知ってしまっていたからだ。まず、「なぜあの子は死んだのか」という謎がまたひとつ残される。そしてわたしの葬式で、大人たちが自分の面子を守るための言葉をささやき合う。せいぜいそうしたことがちょっと起こるだけで、人々はわたしという人間が存在していたことをすぐに忘れる。後ろめたいからだ。そして謎を解こうとする人は現れない。謎は謎のままにしておく方が、都合がいいからだ。その後には結局何も残らない。それでも、わたしのなかにはまだ、葬式の後に忘れてもらえるのなら、飛び降りることは非常に現実的な選択肢《し》だという気持ちが少し残っていた。

ただし事態はもっと複雑になっていた。それが飛ばなかったふたつ目の理由だ。ユパが逝ってしまってからずっと、彼女がどこかからこちらを見ているような気がしていたのである。顔を実際に見たり知恵を借りたりはできないけれども、彼女はどこかから必ず見ていて、彼女が見つけることのできなかった答えを見つけることを、わたしに期待しているのだ、と。

はっきり言って理不尽だった。親友を喪ってすぐにレイプされたことについて、答えを見つけなければならないなんて。それに、考えれば考えるほど、犯人はレイプをすることに大した意味など感じていないという気がした。わたしがこんなに苦しんでいると知る由もないのだろうし、最初からそんなことはどうでもいいと思っているからこんなことをするのだろうと諦めの気持ちがあった。でも、ユパが求めているのは、多分、そういうことではない。多分それは、わたし個人にとっての答えというよりは……そこまで考えた時、ビルの屋上の柵につかまりながら、夜の闇と目が合った気がした。

「強くなりたい」

その言葉を言う時、ユパもまた答えを探していたのだと思った。その答えというのはユパ個人にとっての答えではなく、もっと大きな、社会全体を震わせるような答えなのだ。もしも今ここでわたしが死を選んだら、ユパは、あの世でわたしを「意気地なし」と叱《しか》り飛ばすだろう。それどころではなく、絶交するだろう。彼女は正義の人なのだ。

その時、わたしは死なないことに決めた。これから先、どんなにつらく惨めなことが起きたとしても、みっともなくても、死なない。これから先、何回、どうでもいい存在として扱われたとしても、死なない。ユパに絶交されたくないからだ。強くなれるかどうかはわからないけれど、そうであったとしても生きていくことを決意した。そしてようやく、生きるために必要なことについて考え始めたのだった。

3 「刑法を改正したい」

――暴行・脅迫要件の衝撃

一年後、わたしは東京に引っ越した。生きるためには眠る必要があるが、事件現場となったアパートの部屋では眠ることはできないという結論に至ったからだ。

新しく入り直した大学では、敢えて夜間学部を選んだ。学費の安さと、学際的に学ぶことができるという目算があった。昼間は他の大学や学部の授業に出て、夜は自分の学部で学ぶつもりだったのである。社会学、文化人類学、法哲学、なかでも刑法は絶対に学ばなければならないと考えていた。

なぜかというと、事件からちょうど半年が経った頃、わたしの携帯に見知らぬ番号から電話があったからだ。

「警察です。先日、強姦《ごうかん》の容疑で男を逮捕《たいほ》しました。その男が、あなたのお部屋に侵入し乱暴をしたと自供しています。一度、お話を伺《うかが》えないでしょうか」

電話を切りながら、すごい捜査《そうさ》能力だなと考えていた。そして、自分はこれからどうなるのだろうと。電話があったのは、引っ越しまであと二週間という日曜日のことだったからだ。

仕事のストレスから性暴力に及んだ加害者

警察がアパートを訪ねてくる日、わたしはテーブルにチューリップの花を一輪飾《かざ》っておいた。それはある種のおまじないだった。事件について話すのが恐ろしかったのと、警察に会うことによって再びあの出来事に支配されて、人生を前へと進めなくなってしまうのではないかと考えていたのだ。闇に掴《つか》まりそうになったら、チューリップの花を見ることにしようと決めていた。

約束の時間になると、二人の女性警察官がやってきて、説明を始めた。

「この大学の周辺で、女子学生のアパートへの侵入事件、それから強姦事件が相次いでいたのをご存じですか。被害者はわかっているだけで一〇人以上います。そのうちの何人かが通報を寄せ、我々は捜査の結果、Kという男を捕まえました。この男はトラック運転手をしていて、妻と子どもがおり、日ごろの仕事のストレスと肉体的な疲れから犯行に及んだと話しています。ストレスくらいでこのような犯行に及ぶということは、我々からすると全く理解できない話ではありますが、そのKという男が、この部屋に侵入してあなたにも乱暴を働いたと自供しているのです」

驚く情報ばかりだった。

わたしは、早朝にランニングをしていた時、住宅街に停車しているパトカーを目撃したことがあるのを思い出した。どうしても気になって、いつものコースを変更してパトカーの横を駆け抜けた。その時、パトカーのなかに自分と同じくらいの年齢の女の子が座っているのを目にした。わたしはその時、彼女を見て「うらやましい」と思った。彼女がパトカーのなかで守られているように見えたからだった。ひとりではない彼女のことがまるでお姫様に見え、一方の自分は乞食《こじき》のようにむき出しの姿で生きている。なぜ自分は、こんなふうに傷から血を流すような生き方をしているのかと考えてしまい、ランニングを終えてもその日は眠ることができなかった。

この話をすると、警察官は顔を見合わせて言った。

「勇気を出して通報してくれた被害者の方がいてくれたおかげで、我々はこうしてあなたに辿り着けたのですよ」

たしかに、その通りだと思った。

出せなかった告訴状《こくそ》

その後わたしは、あの夜に起きたことをなるべく淡《たん》々と話し、彼女たちは慣れた様子でメモを取っていた。わたしは「これからどうなるのですか」と尋ねた。

「実は、こうした男を、我々はほぼ毎年逮捕しています。捕まえても捕まえても、次の加害者が現れる。イタチごっこです。だからこそ我々は、せっかく捕まえたこの男には、なるべく長く刑務所に入っていてほしいと考えています。辛い経験を思い出させてしまって申し訳なかったのですが、我々が今日、池田さんを訪ねたのは、そのためです。方法はふたつあり、告訴状を出していただくか、今日お聞きしたお話を文書にして裁判所に上申するという方法です。池田さんは、この男を告訴しますか？」

そう問われても、わたしには、そのふたつの方法の違いがよくわからなかった。改めて説明を求めつつも、犯人が逮捕され自供しているというのに、なぜ自動的にわたしに対する犯行も含めて犯人を裁いてもらえないのだろうという違和感を覚えた。警察官たちは、性犯罪は親告罪《しんこくざい》であり、親告罪は被害者が警察署に告訴状を出さなければ捜査はされないと説明してくれた。

「言いにくいのですが、告訴状を出すと、池田さん自身も取り調べを受け、犯行の時の状況を我々の前で再現していただいたり、矛盾がないということを確認するために、何回も何回も事件のことを話してもらったりする必要が出てきます。本日お話を聞いてこれで終わりということではなく、ここからも大変つらい作業をしていただかねばならなくなります」

わたしは、すでに自分の価値というものを感じることができなくなっていたので、自分がこれから追加的に苦しむことになったとしても、それは別にどうでもいいことだと思った。ただ、どうするのが被害者として普通のことなのか、判断がつかなかった。

ひとつ気になったのは、親に知られずに告訴することはできるのかということだった。わたしの両親はどちらも大学を出ていない。大学がどんなところなのか、娘の人生に本当に大学が必要なのかがわからず、悩みながらも「せっかく勉強のできる子が生まれてくれたから」と言って送り出してくれていた。もちろん、将来国連で働きたいというわたしの夢に対しても、決して真面目に受け取ってなどいないとわかっていた。ほほえましそうな表情で見守りながら、いつか夢破れた娘はこの町に帰ってきてくれるだろうと考えていることを知っていた。だから事件から半年が経っても、わたしはまだ自分の両親に事件のことを打ち明けることができていなかった。本当のことを話せば、きっと優しく連れ戻されてしまう。その優しさに甘えてしまえば、ユパに託《たく》された宿題を終わらせることはできなくなってしまうだろうと考えていたのである。

わたしは、警察官たちに「親に知られずに告訴できますか」と尋ねた。

「それはできないと思います。それから、告訴をした場合はこの部屋の現場検証をしなければならないので、引っ越しの日を少し伸ばしてもらうことになるかもしれません」

その答えで、わたしの気持ちは決まった。アパートには、すでに次の大学一年生が入居することが決まっていたからだ。

テーブルの上のチューリップを見つめながら、わたしは彼女たちに伝えた。

「ごめんなさい。告訴することはできません。東京の大学でもう一度勉強をし直して、人を助ける仕事に就《つ》きたいからです。もしも、告訴をすることで事件のことを親に知られたら、すべてはストップしてしまうでしょう。親との関係もめちゃめちゃになり、わたしは実家に連れ戻されて、前に進むことができなくなる。……だから、もう、このことにかかずらわっていることはできないんです」

警察官たちは、少し残念そうな顔をして「お元気で」と言い、夕焼けを背に帰っていった。誠実で熱心な人たちだった。わたしはふたりを見送りながら、後ろを振り返らずに生きていこうと、本気で考えていた。

被害者に負担を強いる刑法

あの日、たしかに、チューリップはわたしを闇から守ってくれた。最優先事項であった「一刻も早く引越しをする」を、無事に達成させてくれたからだ。でも刑法を学ぶなかで、わたしの心はゆっくりと別の闇へと落ちていった。

まず、改めて親告罪について調べて衝撃を受けた。親告罪とは、簡単に言うと、たとえ被害者が被害届を出しても、それだけでは警察は捜査をしませんという制度のことだ。いずれ二〇一七年に改正されることになるのだが、当時はまだこうした古い条文が生きている時代だった。親告罪であるということは、「性犯罪被害に遭いました」と言って警察に届けても、警察は自動的に捜査をしてくれるわけではないし、自動的に犯人を逮捕などしてくれないということを意味する。基本的に性犯罪は、被害者が大騒ぎをしない限りは捜査をしてもらえない犯罪だと知った。

なぜこんな規定になっているのかと違和感を抱き、さらに調べると、「性犯罪は被害者にとってあまりにも不名誉《めいよ》な犯罪だから」だと、刑法の解説書に書いてあるのを見つけた。卒倒した。一体なぜ、一度も会ったことのない人から、勝手に「不名誉だ」

などと決めつけられなければならないのだろうか。この考え方を前提とし、被害者保護のために性犯罪は親告罪になっていると解説してある。非常に恩着せがましく、失礼だと感じた。

そもそもわたしには、告訴をしないことによって保護をしてもらったとはどうしても思えなかった。たしかにあの日チューリップの力を借りて、わたしは告訴を選ばなかった。でもそれは積極的に選んだのではない。選ぶことができなかったのである。その苦渋《くじゅう》の選択について、保護をしたなどと上から目線で言われるのは心外だった。むしろ逆なのではないかと思った。「告訴と捜査の負担に耐えられるか」と警察官はわたしに尋ねたが、そもそも被害者というのは、誰だって、皆、何かのプロセスの途中にいて、突然性暴力によって人生を歪《ゆが》められてしまった人である。それなのに、「さらなる負担に耐えられるか」なんて聞かれたら、大抵は「結構です」と答えるのではないだろうか。さらなる負担に耐えているうちにチャンスや信頼を失ったり、仲間に置いていかれたりすることもある。「さらなる負担」に対する理解を家族から得られなかったりもする。少なくともわたしにとっては、それは致命《ちめい》的な損失だった。

実際には、最初から保護をされている人だけが告訴を選ぶことができているのが現実ではないかと感じた。だとすると、たとえ「選択肢として告訴が選べる」と法律に書いてあったとしても、全く意味がない。それは経済的余裕《よゆう》があり、時間的余裕もあり、献身《けんしん》的にサポートをしてくれる家族に恵まれている、ほんのひと握りの被害者にしか選べない選択肢だということになるからだ。果して、それは選択肢と呼べるのだろうか。

そこまで考えた時、急に、あの日警察官の背中の向こうに広がっていた夕焼けが、胸に蘇《よみがえ》ってくるのを感じた。わたしはようやく、告訴を選べなかったことを、心のどこかでずっと恥《は》じていた自分に気がついた。突然、煙《けむり》のような疲れが全身にまとわりついているのを意識した。いつからわたしはこの煙に浸《ひた》されていたのだろう。あの日からずっと、まるで犯人だけでなく警察や教授からも、到底できっこないことを「やれ」と迫られ続けてきたような気がした。警察から「被害届を出しませんか」と誘われた自分が、実はものすごく恵まれていたということを、今になって知っても遅すぎた。本当は筋を通したかったという想いが湧き上がり、わたしは意気地のない自分を激しく恥じた。だからといって、どうすることもできなかった。人生の手綱《たずな》から手を放すわけにはいかないからだ。

世界で一番治安のいい国

古い解説書の言葉の上に、現代人のすべての生活が成り立っている。そのことに傷ついたわたしは、何日か寝込んでしまった。生まれて初めて抱く種類の恐ろしさだった。小学生の頃、隠れキリシタンの言葉が自分に届いたこととに感動したこととは、全く真逆の経験だ。

百年前の人が言っていることなんて、気にしなくてもいいじゃないかと思う人がいるかもしれない。でも、その百年前の刑法が使われている限りは、彼らの考えや言葉はこの世を去っていないということになる。それが時代にフィットしている場合はいいが、そうではない場合は恐ろしい。刑法が改正されない限りは、その偏見《へんけん》が現代に息づき、わたしたちの一挙手一投足を縛っているということになるからだ。

「刑法を改正したい」

この時初めて思った。でも、わたしが生きているうちにはそれは無理だろうとも感じた。二〇〇一年当時、日本は、世界で一番治安のいい国だと言われていた。刑法は、そんな社会を安定させている一番の立役者だと考えられていたからだ。

起き上がれるようになってからも、わたしは外出すること自体がすっかり怖くなってしまった。もう誰ともわかり合えないような気がした。世界一治安のいい国の往来を、あまりにも不名誉とまで言われる人間が歩いてはいけないのではないかと感じ、人目を避《さ》けて行動するようになった。

なぜレイプ以外の暴行が必要なのか

別の日に、「暴行・脅迫《きょうはく》要件」についても、解説書をいくつも読み漁るうちに初めて知った。これは簡単に言うと、怪我《けが》をする程度の必死の抵抗をしなかった被害者の訴えを、裁判所は性暴力とは認めないという習わしのことだ。つまり、警察へ行って被害届を出し、さらに告訴状を出すだけの勇気や余裕があったとしても、「加害者による暴行や脅迫があった」ということを被害者の側が証明しなければ、結局は加害者を罪に問うことはできないというのだ。

一読して、これは、かなり非現実的なルールだと感じた。まず、すでにレイプという暴行を受けた人に対して、「暴行はされましたか？　脅迫は？」と尋ねているわけだが、それはあくまでも「レイプ以外の暴行」を尋ねている。なぜレイプを暴行と認定するために別の暴行が必要なのだろうか？　矛盾しているし、真意がわからなかった。被害者に対して疑いなくそのように尋ねる人は、どこからどこまでが暴行でどこから先がレイプだと考えて尋ねているのだろう？　先にそれをはっきりさせなければ、この質問に答えることすらできないと思った。

この点について突き詰めても、現実的な答えが返ってくることはありそうもなかった。皮肉なことに、この暴行・脅迫要件という概念《がいねん》の存在は、性暴力についてよく知らない人たちが性暴力についての法律を作ったという事実を示していたからだ。当時の立法者たちが「レイプ自体は暴行ではない」という考えを無意識に持っていたことは、疑う余地のないことだった。

わたしは考えた。事件の時、わたしが殴《なぐ》られなかったのは、抵抗しなかったからだ。

しなかったというよりも、できなかったし、思いつきもしなかった。それどころか、一瞬にして声も出なくなってしまった。だから犯人にとっては、脅迫をするニーズそのものがなかったのである。もしも縛られていなかったとしても、寝ぼけていなかったとしても、恐ろしくて抵抗ができなかったのは同じだ。加害者の目的は性暴力だったから、それ以外の暴行や脅迫をわざわざ追加しなかったのだ。

暴行・脅迫要件を賛美する刑法学者たちは、性暴力について何も知らないのだと思った。

「ごとき」と「値しない」

もしもあの時、抵抗していたら、間違いなく殺されていただろう。今、この古い解説書を持って図書館に立っていることもなかっただろう。腹を立てながら、わたしは解説書をさらに読み進めた。そして次の一節を読んだ時、図書館のフロアがぐらりと揺れたような気がした。

「ささいな暴行・脅迫の前にたやすく屈《くっ》する貞操《ていそう》のごときは本条によって保護されるに値しないというべきであろうか」(『注釈刑法(四)』、一九六六年、有斐閣発行、団藤重光責任編集)

わたしは思わず座り込んだ。怒りで全身の毛が逆立ち、立ち上がることができなかった。けれども、他の学生たちは笑い声を立てておしゃべりを楽しんでいる。水槽《そう》のなかから外を見るような感覚で、彼らの様子を見つめながら、揺れたのは自分の体の方だったと気がついた。わたしは再びバラバラな状態になってしまっていた。

「何かがおかしい」と思った。今は事件が起きた町からは遠く離れて暮らしていて安全なはずなのに、時々こうして、所かまわず、心と体がバラバラになってしまう。刻々と変わる精神症状に、呑み込まれそうな恐怖を感じた。

無関心と一触即発のはざまで

一触即発という言葉がある。次の瞬間、自分という存在がはじけ飛んで消えているかもしれないという、トラウマティックな状況を言い表す言葉だ。加害者は状況をコントロールしているから、その一触即発のスリルを楽しむことができる。でも被害者にとっては苦しみでしかない。しかも、被害から解放されても、一触即発の事態は被害者の生活を去らない。わたしは一触即発の状態のまま英語の試験を受けたし、その後何年もの間、ふとした瞬間に、空中に投げられた新聞紙のように断片的な状態になってしまうことが続いたのである。

この時のわたしも、ゼエゼエと肩で息をしながら、うずくまって図書館の床に触れていた。ひとつの頭のなかでは、ガムテープで縛られながら「殺されないためにはどうすべきか」と必死に考えていた時のことが駆け巡っていた。もうひとつの頭のなかでは、自分のことを「暴行・脅迫にたやすく屈した」と恥ずかしく思い、責めていた。体は震えながら同時に固まっているような感じで、自由にならなかった。あんまりだ、あんまりだと思いながら、しばらくうずくまっているしかなかった。

その日は一体どうやって家に帰ったのか、覚えていない。しかし、それから何日かして少し正気に戻ると、「やっぱり読み違いかもしれない」という気がしてきた。いくら昔の人だからといって、法律の専門家がそんなにひどいことを書くわけがないではないかと思い直したのだ。そこでまた図書館に行き、同じページを開いて、間違いではないことを確認して、うずくまる。一時期は、まるで毎週の儀式のようにこれを繰り返した。何回儀式を繰り返したのか思い出せないが、一〇回以上は通った。苦しくても、自分で止めることはできなかった。

今になって考えると、その当時のわたしは、何とか現実と折り合いをつけようと必死だったのだと思う。現実というのは、自分に対して「不名誉」とか「守るに値しない」と言ってくる価値観のことだ。今でもひどい言葉だと思うけれども、そうした被害者に無関心な価値観が、人々の行動や制度、心の底で考えていることを形作っている。読み違いではないことを何度も確認することで、わたしなりに現実を知り、立ち向かう準備をしていたのかもしれない。

不思議なことに、図書館通いを繰り返すうちに、わたしはだんだんうずくまらなくなり、静かに本を棚に戻せるようになり、そっと袖《そで》口で涙を拭《ぬぐ》って図書館を出て行けるようになってきていた。読みながら微笑んだり、暗記したその一節を、ノートに何回も書いたりすることまでできるようになっていった。これは確実に大きな進歩だった。

一方で、ふとしたことで自分がバラバラになることは、むしろ常態化し、止められなくなっていった。大学への行き返りに、毎日通る道なのに迷ってしまうことや、電車を乗り間違えることもよく起きていた。そのせいで大学の講義に遅刻しそうになることが増えていった。言葉を交わすことや電車に乗ることが憶劫《おっくう》になり、人を避けるようになった。それに、新しいアパートに越したとはいえ、熟睡《じゅくすい》するまではできていなかった。

誰かと会話をする必要があるのではないかと考えた。その頃、大学の掲示板に貼られていた一枚の手書きのポスターを見て、そのサークルへ行ってみることにした。ちょうど読んでいる本のタイトルが、そのポスターに書いてあったからだ。

4 「ここには被害者がいない」

――スーパーフリー裁判を傍聴する

失語症気味の大学生

足を踏み入れたサークルは、哲学おたくの学生たちが集う、ちょっと変わった空間だった。彼らの日常会話にはスピノザ、ブルデューといった哲学者や社会学者の名前が次々に出てくるので、必死に勉強しなければ追いつけなかった。けれども、そこでなら、自分のようにいびつな人間であっても存在することが許されると感じることができた。

「失語症なの?」

その頃、時折尋ねられた。

気がつけば、なかなか言葉が出てこなくなっていた。かなり無口な方、というよりも、人前で声を発すること自体、努力しないとできなかった。できれば無言でうなずいたり首を横に振ったりするだけでコミュニケーションを済ませたいというのが、素直な気持ちだった。人を信用する方法がまるでわからなくなっていたのである。ユパを喪って三年、性犯罪に巻き込まれて一年。しっかり者として振舞っていた以前の自分とは、まるで別人のような性格になってしまっていた。

知識欲はあったし、頭のなかでは常に、脳がショートしそうなくらいの速度で物事を考えていたが、嵐《あらし》のような心の裡《うち》を誰かに見せることは、簡単にはできなかった。そこに図書館で出会った「ごとき」や「値しない」という言葉の影響が加わり、わたしの心は縮こまる一方だった。

さらに、いつも顔に前髪をバサッとかぶせて表情を隠していた。「そこのメグ・ライアンみたいなお姉さん」と呼び止められて驚いたことがある。たしかに、髪形だけはちょっと似ていたかもしれない。

表情を見られたり、過去や出自について尋ねられたりすることが怖かった。説明できることが少なかったからだ。普通の人たちの群れには戻ることはできなくなってしまったと感じていた。

読書会を開く

この頃、わたしの考えはいつも性暴力のまわりをぐるぐると巡り、読むものや聞くものはすべて性暴力を理解するために使っているというありさまだった。けれども、性に関する話題は、アパートの部屋にひとりでいる時に、ユパに対してしか口にすることができない。また、基本的にアパートの部屋には短く滞在し、細切れの睡眠《すいみん》をとるのが精いっぱいだった。そんなわけで、テレビを観る時間はほとんどなかった。実

際わたしが口に出せる話題というのは非常に少なく、これはかなり致命的な欠陥《けっかん》だった。たとえば、

「この前ガヤトリ・スピヴァクがこんなことを書いているのを読みました」

というマニアックな読書体験をシェアするくらいしか話題がなかったのである。しかも、なぜその本を読んだのかは言うことができないというおまけつきだった。

ガヤトリ・スピヴァクはインド出身の女性である。当時没入《ぼつにゅう》していたカルチュラル・スタディーズの世界では、メインどころの論客はたいてい男性だった。もともとカルチュラル・スタディーズはメインの文化を疑う／批評するための学問なのに、そうした学問の論客のほとんどが男性なのはなぜだろうと思っていた。そんな時にスピヴァクの存在を知った。彼女のメインテーマは「文脈」だった。社会の主流派とされる人々の文脈のなかで、マイノリティの位置に置かれた人々は、自分の言葉や文脈を発したり届けたりすることが果たして可能なのか。とくに「性」を哲学したことで知られるミシェル・フーコーの主張に触れ、論文のなかで繰り返し異議を申し立てるスピヴァクに、わたしは次第に自分を重ねるようになっていた。

自分が少しずつ変わり始めるのをわたしは感じた。社会のなかにある文脈について、誰かとディスカッションしてみたいという気持ちが湧いてきたのである。

そこで、まず先輩たちに読書会を開く方法を尋ねることから始めた。

「簡単だよ。まず、面白そうな本があるから読もうって興味ありそうな人に声をかける。次に、言い出しっぺがレジュメを用意する。三、四人集まれば大成功なんじゃない？　僕《ぼく》なんて人が集まらなくて、ふたりで読書会を開いたことがあるけど、それで全然ＯＫだと思うよ」

あっけらかんと話す先輩を見ているうちに、それなら自分にもできるかもしれないと勇気が湧き、何人かの学生に声をかけてみることができた。

「すすす、スピヴァクを読みませんか」

これまで話しかけたことのない学生に話しかけ、そもそもスピヴァクがどんな人なのかを説明しながらメンバーを募った。集まったのは、大学の夜間学部に通う、幅広い年齢層の男女六人だった。

読書会の日、わたしたちは坂の途中にあるファミリーレストランに集結した。実は、わたしがファミリーレストランに入るのは、これが生まれて初めてだった。

わたしは渾身《こんしん》のレジュメを使ってスピヴァクの考えを解説した。なんとも真面目そうな参加者の面々は、口々に「難しい本だ」言いながらも質問を重ねた。最初は腕組みしていた参加者のうち、ようやく何人かが「そういうことか」「すごく大切なことを彼女は言っているよね」と納得した様子を見せてくれた時には、開始してから三時間以上が経っていた。

参加者の一人がボソッとつぶやいたひと言が忘れられない。

「池田さんって、こんなに熱い人だったんだね」

その言葉に、胸がジワーンとした感情でいっぱいになった。

これが言葉についての初めての成功体験となり、気になる本を見つけるたびに、読書会を編成した。たとえばハンナ・アーレントやエドワード・サイード、見田宗介。カラマーゾフの兄弟などの文学も集まって読み、語り合った。「自分は性暴力を受けたことがあるから、こんな本を読んでいるんです」とは口が裂けても言えなかったけれども、そんなふうに相手を驚かさなくても、社会への違和感や痛みについて考え、そしてその考えを分け合うことができるのだと知った。声を発することへの恐怖が少しずつ減り、わたしは話すことを取り戻していった。自分がバラバラになる回数も少しずつ減りはじめていた。

文章を書く仕事

その頃、言葉についての新しいチャレンジがわたしを待っていた。サークルの先輩に誘われ、文章を書く仕事を始めたのである。

最初は雑誌の小さな記事のお手伝いだった。それが次第に、単行本のゲラ（校正刷り）のチェックや、一冊丸ごとを書くゴーストライターの仕事になっていった。頻度《ひんど》が減ってきていたとはいえ、ふとしたことで自分がバラバラになるわたしには、ウェイトレスのように人前に立つアルバイトは長続きしなかった。その一方で、本をつくる裏方の仕事はちょうどよかった。性暴力に遭って以降、「国連で働く」という夢は、霧《きり》の彼方へと歩き去っていくように思えていた。そんな時に、再び自分のもとへ幼少期の夢が歩み寄ってきてくれたように感じて、書かないかと誘われた時には飛び上がりそうなほど嬉《うれ》しかった。

時代は就職氷河期真っただなかだった。「就職活動などしても採用されない」とか「面接で人格を否定されて引きこもりになった」とか、残酷な話ばかりが周囲に溢《あふ》れていた。そんな時代だったから、出版社からすれば、社会人に頼むよりも大学生に頼む方が安上がりだっただけなのだろう。ただ単に足元を見られていただけなのかもしれないが、それでも何もかもお金のかかる東京の暮らしに苦しんでいたわたしは、失語症気味の大学生としてコツコツ文章を書き、ありがたく生活の足しにするようになった。こうして大学生時代から修行を重ね、面接をせずに仕事を手に入れたことについて、周囲の学生からは「かなりラッキーなパターンだ」と羨《うらや》ましがられた。

一方で、その頃のわたしには「失敗してはいけない」という気持ちが強くあった。フリーランスは自分の腕一通、何の保証もない世界だ。それは、一度信頼を失ったら食べていけなくなるという危うさを意味していた。自分のようにいびつな人間には、文章を書く仕事以外で食べていくことはできそうになかったので、余計に身構えていた。

朝、目が覚めて一番に考えるのは「ちゃんと自分の心の中心にあるものを書きたい」ということだったが、日々要求されるのは商品になる文章だった。

たとえば、当時のわたしは、

「おにぎりがライバルだ」

と自分に言い聞かせながら、雑誌で次に書く企画を二四時間考えていた。なぜかというと、文章で食べていくというのは、コンビニエンスストアの棚のどこかに必ず自分の書いた文章が並んでいるという状態を常に保つことだったからだ。そんなわけで、コンビニにふらりと入った人が、おにぎりを我慢してでも買ってくれるような言葉を書かねばならないと常に考えていた。

自分の言葉で語れ

出版社から声をかけられ、一時的に契約して編集の仕事をすることもあった。大学を卒業してすぐの頃、ある大手出版社で仕事をしていた。その時に出会ったのが、思想家のSさんだった。

Sさんは、全身が歴史年表でできているような人物だった。日本の歴史を、まるで自分が毎日耕している畑のように愛おしそうに語る。そんなSさんを見て、素直にうらやましいと思った。こんなふうにのびのびと、人を巻き込む話し方ができるようになりたいと思ったからだ。

一方でふと怖くなる瞬間があった。日本の歴史は、わたしにとってはとりもなおさず性暴力を肯定《こうてい》してきた歴史だからだ。編集チームでSさんの本を作る作業を進めるうちに、わたしの脳裏にあの「ごとき」「値しない」という言葉がちらつくようになった。そしてついに、ある日空中に投げられた新聞紙の状態が訪れ、気がつくと言葉を発しようにもできない状態になってしまっていた。

「おい、大丈夫か。しゃべれないのか」

チームのなかで、最初に気がついたのはSさんだった。わたしはぶんぶん頭を振って頷《うなず》きながらも、何の言葉も発することができず、悔しくて苦しくて涙を流した。

そもそも大学を卒業したばかりの自分に、仕事がなぜ次々と舞い込むのか、正直わからなかった。気持ちが浮き立つのと同時に、不安も同じだけ大きくなっていた。涙を流しながら、これでもう次の仕事はないだろうと考えた。信頼を失ってしまった。生活していけない。それだけでなく、生きていけない。だって言葉の仕事を失えば、わたしには、どうやってユパの宿題に取り組んだらいいかわからないからだ。心のなかで、力いっぱいユパの名を叫んだ。

その瞬間、Sさんはわたしの横で突然言った。

「がんばれ。がんばれ。若者よ、がんばれ。息を吸え」

わたしは驚いた。見ると、編集チームのメンバーは、この忙しい時にコイツは何をやってるんだと言いたげな、ゲンナリした表情をして、わたしの方を見遣《や》っていた。

でもSさんはわたしを応援するのを止めなかった。

「ゆっくりでいいんだ。焦《あせ》るな。君の言葉で語ってくれ。君の言葉を聞かせてくれ」

それは何時間も続く編集会議の途中に訪れた、あまりにも突然の、かなりみっともないフラッシュバックと過呼吸だった。しかも会議は始まったばかりで、その後何時間もの間わたしはしゃべれない状態のままだった。それでもそこにいることをSさんは許し、「がんばれ。焦るな」と時折声をかけ続けてくれた。

心の中心にある出来事

当時は後ろめたさと恥ずかしさで精いっぱいだったけれど、後になってから気がついた。「君の言葉で語れ」というのは、とてつもなく優しい言葉だ。それは自分自身に刻まれた何かを見ろという意味であり、刻まれた何かから生まれる葛藤《かっとう》や言葉を大事にしろということなのだ。もちろんSさんは、わたしが性暴力被害に遭ったという事実を知っているわけではない。だけど、若者が使い捨てにされる就職氷河期の時代においても、どこの馬の骨ともわからない小娘を見た時に、食い物にするのではなく、こんなふうに声をかけてくれる人が世のなかにはいるのだとわたしは思った。

自分のなかの不安を無視して走り続けてきた日々を反省していた。走り続けなければば仕事をもらえない弱い立場にいるとしても、背伸びをしている事実は、見る人が見ればお見通しなのだと思った。

その優しさにはっきりと気がついたのは、何年か後にSさんが亡くなったというニュースを読んだ時だった。その時のわたしには、荒れ狂う感情とどうやって折り合いをつけて生きていけばいいのか、その糸口すらつかめていなかった。フラッシュバックは、直ったかと思う頃にまたやってくるので、騙《だま》し騙し仕事をするのが精いっぱいだった。一八歳で経験した性暴力について、口に出す方法も、口に出していい場所も知らない自分。言葉にかかわる仕事をしているというのに、この苦しさをどんな地平に立って語ればよいのかをわかっていない情けなさ。この出口のなさは、わたしに激しい恥の感覚を呼び起こさせた。わたしは自分の弱さを責め、それを打ち消すために、ますます仕事にまい進する日々を送るようになっていった。

時間を取って「自分の心の中心にあるものを書きたい」という気持ちと向き合う余裕はなかったけれど、結局いつもそのことを考えていた。漠然《ばくぜん》と、本当は自分には書かなければならないことがあると感じていた。しかしそれがユパの死についてなのか、一八歳の時に受けたレイプのことなのか、性暴力の被害者が百年にわたって刑法に虐められ続けていることについてなのか、あちらこちらに散らばり過ぎていて、端的に言い表すことが難しかった。

わたしの書くべきことは、経験してきたことのなかにあるということだけはわかっていた。存在しているのに存在しないことになっているものを書きたいという気持ちが強くあり、わたしは次第に「ノンフィクション」というジャンルに興味を持つようになった。

ノンフィクションというのは、事実のみを伝える報道記事とも違い、物語を創作するということとも違い、現実に起きた出来事のなかからそのことの意味や背景を掘《ほ》り下げて伝えていく、調査報道のようなスタイルの書きものだ。当時のわたしは、自分が生きている間には、性暴力について書いて理解してもらえる時代はこないだろうと考えていた。本当はそんなこともなかったのかもしれないけれど、可能性を信じてこれ以上傷つくことに耐えられなかったのだと思う。時代は変わらないとしても、ノンフィクションという形で自分の違和感を書き遺しておけば、後世に研究の材料として拾ってもらえるかもしれないと考えていた。

ノンフィクションの編集者と顔を合わせることがあれば、すぐに話しかけて「書かせてほしい」と自分を売り込んだ。でも大抵は「デートしてくれるならいいよ」と茶化されたり、「その前に修行だ」と言って安くて大変な仕事を押しつけられたりするのだった。

「自分は使い捨てにされる立場の人間なんだ」

そう感じると失語症スイッチが入りやすくなってしまうので、相手にされない時には話を早めに切り上げるしか方法がなかった。

存在しているのに存在しない存在

ある時、ノンフィクション雑誌の編集長が、「君は何を書きたいの？」と言って話を聞いてくれるという奇跡が起きた。聞けば、その編集長は犯罪被害者の会に通って、犯罪被害者遺族の抱える困難について学んでいるのだという。

「わわわ、わたしも犯罪被害者なんです！」

感激したわたしは、思わず、めちゃくちゃ嬉しそうにカミングアウトをしてしまっていた。そして一八歳の時にレイプの被害に遭ったんです、と話した。すると編集長は、

「いや、君は死んでないから、犯罪被害者じゃないよね？」

と言った。それは慰《なぐさ》めではなく、叱責《しっせき》だった。「不謹慎《ふきんしん》なことを言うなよ」と言いたげな苦々しい顔をしてカウンターから立ち上がると、編集長は会計を済ませて先に帰っていってしまった。事実を正確に見ることができない人間だと思われたような気がした。

こんなふうに、百年前の認識が突然立ちはだかって、自分の心の真ん中にある部分を踏みつけてくることがたびたびあった。この時も、本当は「そうじゃない」と言いたかったけれど、わたしは一気にガムテープで縛られた時の状態にまで恐怖のボルテ

ージが上がってしまっていたので、声が出なくなってしまった。存在しているのに存在していない、それは性暴力被害者としての自分だった。

無理解な対応を受けても、そこまで意外とは思わなかった。刑法や性暴力について商業誌で書くことが難しい現状については、覚悟をしていたからだ。

大学を卒業する前に、性暴力について書ける可能性がどのくらいあるかを探る必要があると考えたわたしは、卒論のテーマを「雑誌や新聞でどのように性暴力が扱われているか」にしようと決めた。そして日本の主だった雑誌や新聞の記事を検索して、性暴力については、事実だけをストレートに伝える記事か、雑誌のポルノに近い記事しかほぼ存在しないことを突き止めていた。

あるとすれば「従軍」慰安婦にされた人に関する記述、それも韓国・朝鮮人「従軍」慰安婦についてと限定されていた。日本人「従軍」慰安婦も存在していたはずなのに、彼女たちについての記事を商業誌で見つけることはできなかった。まるで「日本人の女性はわきまえている＝性暴力を呑みこむ」という前提が貫徹《かんてつ》されているかのようで、大矢壮一文庫のデータベース端末の前に座りながら、背筋が凍る思いをしたのを覚えている。日本人の性暴力被害者が、その存在自体をここまで抹消《まっしょう》されていることを知り、わたしは、信仰を隠さねばならなかった江戸時代のキリシタンや、ゲットーのなかに集められたユダヤ人のことを思い起こした。

犯罪被害者とは誰か

当時、性暴力や刑法についてありのままを書くということは、ある意味でヤクザの抗争以上にアンタッチャブルなテーマであるようだった。たとえば、怪奇現象や刃傷《にんじょう》沙汰《ざた》、反社会的勢力の抗争等、人間の本質をむき出しにするような出来事についてリアリティをもって書くことを売りにしている雑誌であっても、性暴力についてはポルノか怪談のどちらかに拠って、ステレオタイプな形で書くことしかできないでいた。

一九八三年の永山判決から二〇年ほどしか経っていなかった。そのため、犯罪と人権というキーワードで特集される雑誌の記事といえば、永山則夫の著書が引用されたり、彼が法廷《ほうてい》でそらんじたという「貧乏《びんぼう》は」で始まる一節が刷られていたりというものだった。そうした誌面に並んで人権派弁護士として登場する人は、大抵、加害者の恵まれない境遇《きょうぐう》を訴え、いかに犯罪者の刑期を短くするか、国家に妥協《だきょう》をさせるのかに腐《ふ》心している人たちだった。もしかして、本当の人権派弁護士というのはどこかにちゃんといたのかもしれないが、とにかくわたしの目にはその存在は入ってこなかった。

それでも時代は動きつつあった。一九九九年に山口県光市の母子殺害事件が起きて以降、遺族の本村洋さんが窮状《きゅうじょう》を訴える悲愴《そう》な姿が日本中のお茶の間に流れるようになった。しかしこの頃は制度も整っておらず、犯罪被害者は裁判にも参加できなかった。本村さんの著書を読むと、人権というものは、当事者の声によってのみ一歩一歩前に進んでいくということがよくわかる。そしてそのなかには、加害者の弁護団が人権派の主張を繰り拡げるという、被害者から見ると悪夢のような状況が書かれていた。

この悪質な冗談のような状況を理解するために知っておいた方がいいのが、刑事弁護という言葉だ。たとえば「刑事弁護の立場から発言します」と言う人がいたら、それは、「国が罪なき人を加害者と間違えて逮捕してしまった時に、加害者を守るために弁護活動を頑張る立場」を意味する。厄介《やっかい》なのは、弁護士のなかには、本当に罪を犯している加害者が逮捕された時にも、この「刑事弁護の立場」をしつこく主張する人がいて、それを人権派弁護士らしさだと勘《かん》違いしている人たちがいるということだ。

そもそも、被害者を守ることのできない法律であれば法律としての存在価値が問われるし、そういう法律を漫然《まんぜん》と大事にしている国であれば、国としての有難みが薄くなる。当然、本当の加害者が逮捕されているにもかかわらず刑事弁護の立場に固執《こしゅう》する弁護士というのは、国民に対して不誠実極まりないということになると思うのだが、こうした議論が堂々と無視されてしまうほどに、当時は犯罪被害者の存在が軽視されていた。ひと言でいうと、法律のどこを切っても「ここには被害者がいない」という時代だったと思う。

わたしがあの某《ぼう》編集長に頓珍漢《とんちんかん》なカミングアウトをしたのは、二〇〇〇年に結成された犯罪被害者の会の尽力により、ようやく国民の意識のなかに「犯罪被害者の人権」というカテゴリーができ始めた時期だった。ノンフィクション業界にいて、テーマとしての犯罪を扱い、社会の新しい流れに敏感《びんかん》でいなくてはいけない立場である編集長は、発足したばかりの犯罪被害者の会で勉強してみようと考えた。でも犯罪被害者が誰なのかを、ちゃんと理解していなかった。「過渡期」にいた編集長は、勉強不足な対応をしてしまったということなのだろう。

存在しないものを語ることは非常に難しい。そして、自分がその存在しないとされている存在だと名乗りをあげることは、大きな勇気を必要とする。それでも言葉にかかわる仕事を続けていけば、性暴力が初めて語られる瞬間に立ち会えるかもしれない。卒論に取り組みながらそんなふうに考えたわたしは、メディアの仕事に足を踏み入れる覚悟を固めていった。

モテと性暴力の違い

わたしが卒論に取り組んでいた頃の話を、もう少し続けようと思う。

警視庁が発表している性暴力の認知件数（強姦・強制わいせつ・強盗《とう》強姦の合計）をグラフにすると、戦後のベビーブームより後から二〇一九年までの間で最も件数が多いのが二〇〇三年で一二，七〇四件である。

わたしは新宿駅を毎日利用していたのだが、駅に向かって歩いていると、南口でも東口でも西口でも、乱暴なナンパや「AVに出演しない?」という声掛けがひっきりなしにあり、まっすぐに歩けないほどだった。駅のコンコースを歩いていると体当たりしてくる男の人や、おかしな手の動かし方をしながら「ホテルに行こう」とスカートを引っ張ってくるおじさんに毎週必ず遭遇した。たとえば大学への行き帰りで知らないサラリーマンにつきまとわれて大騒動になり、その男に対してストーカー防止法が適用されたことがあった。このサラリーマンは、「ついてこないでください」と言うと、「嫌よ嫌よも好きのうちだ」と言って、わたしのことを何キロも追いかけまわしたのである。

当時の新聞の見出しで、就職氷河期という言葉を見たのを覚えている。医学部は組織的に、こっそりと、男子学生を女子学生よりも多く合格させていたことが後から判明した。企業は新入社員をほとんど採用せず、それでも自分の尊厳をかけて正社員になろうとした大学生たちが、次々と心を病むというシステムがすっかりでき上がっていた。政治家の女性蔑視《べっし》発言が相次ぎ、社会には非正規雇用の若年女性が溢れた。男女格差に世代間格差が加わり、性暴力の起きやすい構図が社会のなかに着々と用意されていった時代だった。

自分でも、大人の男性たちから雑に扱われているのはよくわかっていたし、その量があまりに多すぎて、一件か二件に真面目に対処したくらいでは何も解決しないという感覚があった。往来でひどい目に遭うたびに、フラッシュバックが起き、うずくまったり、心が体からはじき出されてしまったりした。日々の生活にきたす支障が大きかったので、何人かに相談してみたが、「モテ自慢はやめてよね」と一蹴《しゅう》されてしまい、それからは誰にも相談できなくなった。

このようなひどい目に遭うことをモテているとはどうしても思えなかった。おかしいなと思っていると、書店に「ナンパ術」を謳《うた》う本が並び始めた。その中身を見て驚いた。「気の弱い女の子の見極め方」や「女の子に断る隙《すき》を与えない方法」といった、ほとんど性暴力の指南書と言っていいような内容が書かれていたからである。「すごい本が出たぞ」と言って、ナンパ術を恋愛だと勘違いする若い男性も身近にいた。わたしは、社会全体が若い女性を罠《わな》にはめようと競っているのだと理解した。

大学生が起こした集団強姦事件

その二〇〇三年、わたしの通っている大学を舞台として起きた大規模な性暴力事件が明らかになった。スーパーフリーというサークルによる集団強姦事件が発覚したのである。わたしは、この事件を他人事とは思えなかった。

そこに「取材を手伝ってほしい」という依頼が舞い込んだので、すぐに引き受けた。「全部傍聴する必要はないよ」と言われたが、わたしは大学の講義そっちのけで、頼まれていない裁判期日までも裁判所に通い、結局すべての裁判を傍聴した。週刊誌や新聞の記者を含めて、すべてを傍聴した人は他におらず、わたしの携帯には、各メディアから裁判内容についての問い合わせが入るようになった。

わたしはある種の責任を感じていた。一切の言葉を書き漏《も》らさないぞという決意で、裁判内容をノートに記録し続けた。手が痛くなっても、メモをする手を絶対に止めなかった。自分の手なんかどうなってもいいと思っていたからだ。

加害者たちが、女性と無理やり性交することを「打つ」と表現していたこと。この表現には弁護人たちもたじろぎ、法廷に妙な空気が流れたが、加害者は「何が問題なのかわからない」といった表情でキョトンとしていたこと。加害者たちがいつも念入りに役割分担をして女性を騙し、めちゃくちゃに酔わせていたこと。お酒で意識を失わせた女性を、サークル内で上位にいるメンバーに「献上《けんじょう》」する風習があったこと。そしてサークルに新しく入ってきた男子が、まるで新人研修のように次々と集団強姦に参加させられていったこと。止めようとしたメンバーもいたのに、止めることができず結局流されたこと。わたしはひとつひとつに衝撃を受けながら、一言一句を記録し続けた。被害者がどれだけの勇気を持って告訴し、どれだけの負担に耐えて今日という日を迎えているのか、その意味をよく理解していたからだ。

涙がにじんだ傍聴ノート

わたし自身がレイプをされてから、まだ三年しか経っていなかった。メモを取りながら、たえず「ここには被害者がいない」と感じた。性暴力が被害者にどのような痛みと苦しみを与えるのか、法廷に集う人は誰ひとりとして理解していないように思われたからだ。では一体、何のためにこのような茶番が行われているのか？　法律関係者や加害者が大真面目な顔をして繰り拡げる群像劇に、ひとりの被害者として、気が狂いそうになる瞬間が数えきれないほどあった。これが本当に、被害者が勇気を出して勝ち取りたかったものなのだろうか？　怒りを抑えることができなかった。本当は「投げ出したい」と思う瞬間の連続だった。加害者たちによって、減刑されるための、本当に形だけの謝罪が述べられることに耐えられなかったし、それらを受け入れた裁判官が、粛々《しゅく》と減刑の判断を下すさまを受け入れることは決してできなかった。法廷でのやりとりをメモしている時、ノートに涙が落ちて、ボールペンの字がよく見えなくなってしまうことがあった。

傍聴の日々の過酷さは、わたしの心身に重大な影響を及ぼしていた。体は使い古しのタイヤになってしまったように重く、痛んだ。食事をとるのが嫌になった。学食の定食を残すようになり、次第に食べなくなった。周囲に気持ち悪がられるほどの勢いで痩《や》せていった。家のなかのことや身の回りのことができなくなり、仕方なく何日も同じ服を着ていた。授業の間に、被害者のことを思って、大学のトイレで泣いていた。だからいつも目が腫《は》れていた。それに、理由はわからなかったが、ユパの赤く染まった襟を夢に見てうなされるようになっていた。

でも結局、逃げずに最後まで裁判所に駆けつけた。メモをする手を止めることはなかった。

そこまで自分を削《けず》った結果、わたしが取ったメモを元になされた報道も実際いくつかあった。その報道が被害者の意に沿うものだったかどうか、正直なところわからない。もちろん、当時のわたしに各メディアの報道方針を最終的に決定する力はなかった。それでも、加害者たちの残虐《ぎゃく》性を社会に伝えることが自分の使命だと信じて突き進んだ。

被害者の言葉が社会を変えていく

一連の裁判を傍聴したことにより、わたしは性暴力について多くを学んだ。加害者は訴えられるまで、いや訴えられ、有罪判決を受けてもなお、被害者のその後を考えたりしないこと。加害者の家族も、息子の人生を嘆《なげ》いたり、釈放後の息子の心配をしたりするばかりで、事件後の被害者の人生がどうなったかなどを気にもしないこと。

なかには被害者のことを、「お金欲しさで訴えたのでしょう」などと考えている関係者がいること。どれも、本や教科書には書いてないショッキングな現実だった。

圧倒的に誰もが性暴力被害について知らないと感じた。でも、それはわたしも同じだった。性暴力を経験しても、「どこからどこまでが性暴力なのか」「性暴力の何がトラウマを引き起こすのか」といった問いに答えることは難しいままだった。それは、わたしが自分以外の被害者に出会ったことがなく、自分の経験のどこがほかの被害者と共通していてどこが違っているのかということを、知ることができなかったからだ。

しかしこの時初めて、裁判の向こう側に、自分と同じ被害者の姿を見ることができたような気がしていた。そしてその会ったことのない女性たちと自分とを冷静に比較《ひかく》することができたのだった。法律や法廷への違和感は、そのまま、彼女たちが立ち向かった壁の高さや厚さ、法律の無慈悲《むじひ》さを表していた。

わたしは今でも、この事件に立ち向かった被害者の女性たちに心から感謝している。彼女たちひとりひとりの孤独な闘いが、社会のなかに、今まで存在しなかった文脈を立ち上げてくれたからだ。当時、この事件に、メディアや日本社会全体が巻き込まれた。ニュースを見た誰もが加害者に対して憤った。なかには被害者を揶揄《やゆ》するような人もたしかにいたけれども、それも含めて、性暴力という起きてはいけないことが起きてしまったという文脈を、すべての人が共有したのである。わたしにとって、それは生まれて初めて目にする光景だった。

このニュースを観た人たちから、必ず新しい動きが始まっていくだろう。裁判制度や法律、世間の認識についての矛盾がどんどん噴出していくことになるだろう。そんな予感がわたしの胸をとらえていた。

5 「無理をする癖がついてしまっている」

——DVのなかでの性暴力

レイプとセックスの違い

裁判の傍聴により、わたしはもうひとつの宿題についてのヒントも得ることができた。それは、レイプとセックスは何が違うのかというあの問題についてだった。

裁判のなかで、加害者たちは、被害者が嫌がらないようにと酒を飲ませて昏倒《こんとう》させ、同意があったということを偽装《ぎそう》するために、事件後には桃の缶詰《かんづめ》などを被害者宅に送りつけていたと語った。検察官が「君は集団強姦をやっても許されると思っていたのですか？」と尋ねると、加害者のひとりは「思っていませんでした」と答えた。なかには「皆がやっていたので特別悪いことだとは思いませんでした」と言った後に、「でも最初のうちは悪いと思っていました」と言い直す加害者もいた。

当時は、こうした加害者たちの役割分担が盛んに週刊誌などで報じられた。記者やノンフィクションライターは、サークルのなかである種のシステムができ上がっていたことに注目しているようで、法廷が開かれる前後には「ゲームに参加するような感覚だったのではないか」と立ち話をしていた。つまり、システム化されることで罪悪感が失われていったことがこの事件の真因ではないかと考えているようだった。

わたしは、それとは少し違う感想を持っていた。彼らは罪悪感を失っていなかったのではないかと思ったのだ。加害者たちには、犯行の最初から最後まで、被害者に意思を確認するという発想がなかった。いや、発想がなかったというよりも、「いかにして被害者に意思表示をさせないか」に工夫を凝らしていたと言った方がいいかもしれない。そのことは、彼らが、相手の意に反して性行為を行うことをまさに性暴力だと認識し、罪悪感を抱いていたことを示している。だからこそ、被害者に嫌がる隙すら与えなかったのである。わたしの事件を思い返して、加害者が手際よくわたしを縛っていったのは抵抗する隙を与えないためだったのかもしれないと考え、妙な納得感を得た。

加害者たちは、嫌よ嫌よは嫌なのだと気がついている一方で、刑法の甘さにはもっとしっかりと気がついていた。日本の刑法が性暴力に関してだけは加害者に立証責任を置いていないことや、それによって刑法が加害者の性的自由を特別に優先してくれることを知っていたのだ。年長者たちのふるまいを見て「刑法から見逃される快楽」を社会的に学んだ彼らは、その快楽によって連帯した。特権意識すら持って連帯した。彼らにとって被害者は連帯するための単なる道具だったので、道具らしく、意思表示をさせないように気をつけていたのだろう。

レイプの精神的快楽

加害者は共通して男性だった。ワイドショーや記事では、「こんなふうに人生を踏み外してしまうとわかっていてもなお、犯行をやめられないくらいに、男性にとっての肉体的快楽というのは悪魔的なのだろうか」という論調を見聞きすることが多かったが、わたしは、それも違うんじゃないかと思っていた。いろいろなことのつじつまが合わなくなるからだ。もしも性欲というものが本当にそこまで病的に抗《あらが》えないものなのだとしたら、たとえば交番の前や警察署の前であっても犯行に及ぶ人が続出するはずだ。加害者たちは誰に対してももっと露悪的にふるまうだろうし、その結果、今よりもたくさんの加害者が逮捕されているはずである。それに、そうなれば加害者や社会にとって困った事態となるので、「どのようにして肉体的快楽から自由になれるのか」ということを人類はもっと真剣に話し合うだろう。でもそうした例をわたしは聞いたことがなかった。

わたしは、加害者たちは精神的な快楽を追い求めているのではないかという気がしていた。たとえばそれは、ポイントを集めるような感覚なのではないか。そして重要なのは、この快楽を集めているのは直接の加害者に限定されているわけではないということだった。最初は違和感を抱いていた新入生までが次々と集団強姦事件の加害者になっていったことを考えれば、「被害者に意思表示をさせない」こと自体に価値を感じている人たちが、すでに社会に一定数いると考える方が自然だからだ。この精神的な快楽はすでに一般に広く流通していて、その価値観のなかにセックスがあると考える人たちが一定数存在しているのだと思った。でもわたしには、相手を傷つける前提で性行為をすれば、それはセックスではなくレイプだと思えた。

そこまで考えて、わたしは、故郷の町の中学校のことを思い出した。血だらけのユパを見てもなお、罵声を浴びせかけてきた上級生たちのことだ。彼らはユパやわたしを黙らせることによって、自分が属する価値観の正しさを確認していた。そこにも精神的な快楽があったのかもしれない。そう考えた時、この問題の根の深さに触れた気がして、思わず身震いをした。

日ごろから、社会全体が若い女性を罠にはめようと競っていると感じていたわたしにとって、これは非常に説得力のある気づきだった。加害者たちの価値観が社会のなかに広く根づいていて、数の論理により、まるで彼らの行う加害行為こそがセックスであるかのように見えている。でも、それはセックスではないのだ。

オレのおかげでお前は仕事ができているんだ

レイプとセックスの違いについて考えるためには、どうしても性的同意について考えないわけにはいかなかった。でも、考えようとしても、さっぱりうまくいかなかった。

その当時、わたしには恋人がいたのだが、今考えると、わたしはその男性から長い間DVを受けていたと思う。でも当時は、そのことをよくわかっていなかった。「もしかすると、これはＤＶなんじゃないか」と思うこともあったけれど、すぐさま「いや、ＤＶというのは、死んでしまうくらいにもっとひどいやつのことだ」と自分で否定する、そんなこととの繰り返しだった。でも実際には、危ない経験をたびたびしていた。

矛盾しているのはわかっていたけれど、「怖くない、そうした経験をするたびに、それを認めたくないという考えが先に立った。「怖くない、暴力なんて受けていない」と思い込もうとした。それは理屈ではどうしようもない強い感情だった。ＤＶを受けているとわかっていなかったというよりも、「わかる」ことができるくらいの安全がなかったから、「わかる」ことを選び取れなかったのだと思う。

スーパーフリーの裁判で、検察官は何度も加害者に、

「意識がない相手に対して、どうしてセックスをしていいとあなたは思ったのか」

と尋ねた。

それを聞きながら、わたしも自問自答していた。ＤＶのなかで起きるセックスがレイプではないとどうして言い切れるのか。でもわたしは即座に「レイプではない」と自分に言い聞かせた。レイプだと認めてしまえば、すべてはゼロになる。残るのはみじめさだけで、生活の場も、仕事も、将来の夢も、人間関係も、すべてを失う。だから辛いセックスがあっても、「わたしはこの人を好きだからそれを受け入れるのだ」ということにしてしまうしかなかった。受け入れられないような辛さに対しては、「今からわたしはこの人を好きという気持ちをスタートすることにするから、別にいいの

だ」と考えてつじつまを合わせた。

もうひとつ、恋人とのセックスには、一八歳の性暴力の経験がある種の影を落としていた。抵抗をしなかったために生き延びることができた経験から、ひとたび暴力の雰囲気《ふんいき》を感じると、そこからしばらくは、わたしには自分の意思で判断するということは絶対にできなかった。相手が恋人であったとしてもそれは同じだった。「怖い」と感じるとすぐに一触即発のモードに入ってしまうわたしは、生き延びるために自分の意思を封じた。殴られて痛いとか、襟首をつかまれて怖いとか、飛び蹴《け》りをされたとか、そういう経験をするたびに「暴行・脅迫」という文字が頭に浮かぶけれど、その認識も封じた。そういう時に、空中に投げられた新聞紙の状態になるスキルはとても便利だった。

それは書く仕事を失わないためでもあった。恋人はメディアに顔が広い人だった。別れた後になおもわたしが書き続けようとすれば、出版社などに手を回して危険な嫌がらせをしてくる可能性があった。実際に、わたしが恋人の気に入らない相手と仕事をすると激高し、連絡先を消去させられたり、携帯電話を真っ二つに折られたりしたこともあった。恋人はわたしが友人と出かけると不機嫌になる人だったので、大学時代に読書会をした仲間たちとの関係も、すでに疎遠《そえん》になってしまっていた。

わたしは孤立していた。次第に、恋人の「オレのおかげでお前は仕事ができているんだ」という言葉に支配されるようになり、ジワジワと無力感が募った。そうなるともう、明らかな「暴行・脅迫」がなくてもYESしか言えなかったし、すべてにおいて自分よりも恋人の都合を優先するようになった。

性的同意に必要な条件

今になって冷静に考えれば、当時のわたしには、性的同意をする能力が完全に失われていたと思う。この数年後に、オックスフォード大学の研究員を当時していた大竹裕子さんによるインタビューのなかで、日本人の性的同意について語ることになるのだが、当時はそれがどういうものなのか、さっぱりわからなかった。ただ、それも、困難な状況にあっても性的同意について考え続けたこの頃の経験がなければ、決してなしえなかったことだと考えている。

二〇二一年から二〇二三年に開かれた法制審議《しんぎ》会では、性的同意をするためには何が必要なのかが話し合われた。

① 行為の性的な意味を認識する能力
② 行為が自己に及ぼす影響を理解する能力
③ 性的行為に向けた相手方からの働きかけに的確に対処する能力

この三つの能力がそろっていなければ、性的同意は成立不可能だという。たとえば、若年だったり意識がもうろうとしていたりという状況下で、そもそも行為の性的な意味を認識することができなかったり、性的な意味を理解できた場合でも、それが性犯罪の被害であることを認識することができなかったり、性行為をどのようにするのが正常なのかがわからなかったりしたら、①の能力がない状態だと言える。また②の能力は、性行為が自分の心身とか、相手との関係性とか、自分の将来に及ぼす影響を認識できる状態でしか発揮できない。最後の③は、性行為をするかどうかを考えて対処する能力のことで、ノーと言えない／言わせない強制力や、対等ではない関係の影響などを受けずに対処できるかどうかが重要になる。

①がなければ②と③も成り立たず、②がなければ③は成り立たない。①〜③の能力は、性教育を行うことで高めていくことができるものなのだが、日本では性教育がほとんど行われていないため、成人していても、恋人同士でも、夫婦の間でも、性的同意があるかどうかは大変疑わしい状態になっている現状がある。

では一体何歳になれば性的同意をすることができるとするのか。これを性交同意年齢というのだが、これまで日本ではこの性交同意年齢は一三歳とされてきた。これに対して、被害者や支援者が「低すぎる」と声をあげ、では一六歳にしてはどうかと話し合われた。しかし結局は、一三歳以上一六歳未満の子どもが被害に遭った時で、かつ加害者との年齢が近い（五歳以上の年齢差がない）場合には、これまでと同様に、被害者が立証責任を課されようとしている。被害者は反対の声をあげている。

恋人から暴力を受けていた当時、わたしは成人していた。でも今考えれば、恋人の「暴行・脅迫」により、③の能力を完全に失った状態にあったと思う。わたしが新聞紙の状態になり、一枚一枚風に飛ばされていく過程が進行すれば、②や①の能力も失われていく。本当は、成人していても、恋人であっても、夫婦であっても、①、②、③の能力を奪うことは簡単なのだ。性的同意の現実に即した議論が必要だと思う。

真摯《しんし》な恋愛の実際

ある日、わたしは恋人と渋谷のスクランブル交差点で待ち合わせをしていた。一人で立っている時「あれっ」と思った。自分にはたしかに、目の前のスクランブル交差点が見えているのだが、それがまるでカメラの映像を見ているように現実感のないものに感じられたからだ。耳も水中に潜《もぐ》っているかのようにくぐもった状態になり、音がよく聞こえなかった。天地と左右がひっくり返ったような感覚を覚えた。この感覚には覚えがあった。自分のなかの重い部分は鉛のようにさらに重さを増し、軽い部分は一気に上空へと飛ばされていく——それは一八歳のあの夜に感じた、自分という存在の大地が裂けていく感覚だった。それほどまでに、わたしは恋人がやってくることを恐れていた。

周囲の人が見れば、わたしたちは仲睦《むつ》まじい関係に見えたかもしれない。法制審議会の委員の言葉を借りれば「真摯な恋愛」をしているように見えたのかもしれないと思う。でもそれは後づけのつじつま合わせに過ぎなかった。

友人たちに会う時、恋人はわたしに化粧《けしょう》をさせ、着る服を指定した。そして貴重なモノであるかのように扱った。恋人は時折、人前でも暴行・脅迫を匂《にお》わせることがあったが、友人たちは笑顔で見て見ぬふりをした。わたしへの暴力の痕跡《こんせき》が見過ごされることに対して、恋人は満足した様子を見せた。見過ごされることによって、暴行・脅迫は、女性にわきまえた行動をさせるためのツールへと昇華《しょうか》する。それを恋人は「男としての面子」と表現した。

あの頃のわたしは、まるで皆のペットのようだったと思う。恋人もその周囲の友人たちも、「若い女に意思表示をさせないポイント」を集めるポイ活仲間だったのかもしれない。ペットのわたしは「人間になりたい」と努力を続けたが、ある日、気がついた。

「ここにいては、いつまでも人間になどなれない」

その夜、わたしは、朝持って出かけたハンドバッグひとつを握りしめ、もう二度と恋人と暮らす家には帰らなかった。それは暴力の国から自由の国への亡命だったが、この選択によって、わたしはついに書く仕事を失った。

自分を語る言葉がほしい

新しい生活は、自分が消えていくような感覚とともにスタートした。最初はホームレス状態で、友人の家を転々とした。そのうちアパートを見つけることができたが、働ける精神状態ではなかったので、家賃を払うと生活費がほとんど残らない極貧生活だった。トラウマに苦しみながらも、まだ治療《りょう》を受ける決心はつかなかった。

過去の人間関係のなかへ戻ることはできなかったので、仕事の依頼がきても、ひとつひとつ丁寧《ていねい》に断った。実際に、恋人の友人たちからの怪しい仕事の打診《だしん》もあり、どれが安全な仕事でどれがそうでないのか、見分けることが困難だったからである。

言葉を発信することのできない時間が始まると、心配していた通りで、ビルの屋上にある柵を飛び越えることが再び具体的な選択肢としてチラつくようになってしまった。

「強くなりたい」

そう呟《つぶや》きながらも、どうすれば強くなれるのかわからなかった。夜になると部屋にじっとしていることができず、ふらふらと出かけ、近所の適当なビルの屋上に行っては、柵の向こうをじっと見つめていた。適当な屋上が見つからない時は、幹線道路が見える階段に座って車輪の下をぼんやり見ていた。バスターミナルまで行って、富士の樹海へ行くバスが発車するのを見ていたこともあった。

そんな時に取り出したのがスピヴァクの本だった。家を出る時にハンドバッグに入れていたのである。大学生時代からひさしぶりに、わたしは彼女の言葉をむさぼり読んだ。社会のなかでマイノリティの位置に置かれた人々は、自分の言葉や文脈を届けることができないと、彼女は繰り返し書いていた。文章を書いて生活するようになってから一〇年が経ち、たしかにわたしも同じことを実感していた。そうした社会のあり方を打ち破りたいという気持ちは消えなかった。自分のことを語れるようになりたかった。闇に目を凝《こ》らし、未来を探した。

トラウマ治療を始める

それから一年が経ったある日、わたしのもとに一通のメールが届いた。

「池田さん、最近どうしていますか。わたしの知り合いの女性週刊誌で、取材をして文章を書ける人を探しているって」

それはかつてのライバル誌からの打診だった。全く新しい人間関係のなかでの仕事だとわかったので、思い切って面接を受けることにした。話はすぐに決まった。

元恋人の影響がない状態で働くのは、夢のような時間だった。どこへ取材に行き、それをどう書き、どう伝えるかを担当編集者と二人三脚《きゃく》で決めていく。自分という人間を、仕事ぶりを、書いた文章を、まっすぐに評価し信頼してもらえることが素直に嬉しかった。わたしは仕事にとことん打ち込んだ。

DVの環境から逃れて、文章で安定した収入を得ることができるようになったおかげで、わたしはようやくトラウマの治療に取り組み始めていた。

わたしが選んだクリニックの主治医の先生には、実は以前、雑誌の取材でインタビューをさせてもらったことがあった。その時のお話の内容に説得力があり、以前から「行くならこの先生のところにしよう」と決めていたのである。でも、もしかすると「仕事のふりをして話を聞きにきておいて、実は自分自身の経験を隠して興味本位で話を聞いていただけじゃないか」と思われてしまうのではないかと、少し心配していた。

待合室でドキドキしながら待っていると、先生が現れた。わたしはさっと立ち上がって、

「ライターの池田です」

と挨拶《あいさつ》をした。すると先生は笑顔をみせ、「ふふふ」と笑い、言った。

「やっぱりあなたもそうだったのか。こういうことってよくあるのよ。とくにメディアの女性にはね」

わたしは、最初からすっかり見透《す》かされていたことに気がついた。

オバケとの闘い

カウンセリングルームに入ると、先生は「ここまで、よく生き残ってこられましたね」と言ってわたしを労い、主にＤＶのことについてゆっくりと話を聞いてくれた。ユパのことや一八歳の時の性暴力被害についても話をした。そのひとつひとつに先生は驚き、共感しながら聞いた。語った後に、自分が少しだけ変わったという気がした。これまで頭のなかでユパとだけ話をしてきたことを、言葉にして誰かに語ることで、自分の耳でも聴く。体にも自分の声が響く。相手がそれに対して頷いているのを、自分の目で見る。それによって「これは本当にあった出来事なんだ」とか「自分はこんなことを考えていたのか」という認識を得ることができた。そうした自分自身の変化を感じた時、こんなふうに「共感されながら話す」という経験が、これまで一度もなかったことに気がついた。

それまでのわたしは、つらい出来事に対して「これは現実ではないかもしれない」という考えを持つことがよくあった。「現実ではない」と考えたりそのようにふるまったりすることには、その場その場を強い気持ちで乗り切ることができるという効果があり、その考えによってわたしは確実に助けられてきた。感情を麻痺《まひ》させることによって難局を乗り切るのである。実際には、わざと自分の体を痛めつけて「現実ではない」と感じる時間を呼び寄せようとすることもあった。

たとえば、元恋人は毎週のように、わたしを正座させてひと晩中説教した。二四時過ぎに説教が始まると、その時点で、これは空が白み始めるまで続くだろうということがわかる。説教の理由は茄子《なす》の切り方とか、ダシの取り方とか、表情が気に入らないとか、そのような理由だったと思う。空腹のままトイレにも行けず、疲れと恐怖、睡眠欲から、「早く終わってほしい」と切実に感じる時間だった。その説教の最中に、わたしは自分で自分の頭をハイヒールで殴ってしまったことがある。肉体的疲労が限界に達し、もしかしてそうして反省の気持ちを示せば、今すぐ眠らせてもらえるのではないかと思い詰めた末の行動だった。そしてもうひとつ、そうした行動をすることで、自分自身が「これは現実ではない」と感じ、強くなれるかもしれないという考えもあった。その瞬間、わたしの頭からは血がブシュッと派手に吹き出し、天井を赤く染めた。説教は終わった。痛みはなかった。殴られることもなかった。わたしはこの日、元恋人からの精神的暴力を、自分の行動によって終わらせることができた。だから、このエピソードは自分のなかで、どちらかと言えば成功した方の部類に入っていたのである。

ところが、このエピソードを話すと、先生は眉をひそめて「心配ですね」と言った。「あなたは無理をしすぎる癖《くせ》がついてしまっているんだと思う。同じように現実ではないような感じがすることって、今でもあるんじゃないですか？」

まさしくその通りだった。仕事が忙しすぎる時、締《し》め切りがいくつも重なっている時、フリーランスの自分には代わりの人がいないので、倒れるまで仕事をしなければならないし、かといって絶対に倒れてはいけないのだった。追い詰められると、アパートの部屋に「これは現実ではない」とささやくオバケが忍び寄ってくる。オバケがやってくるとわたしは強くなった。何日も眠らなくても、何も食べなくても、文章を書き続けることができたのだ。

長年慣れ親しんできたオバケに「気をつけろ」とカウンセラーは言う。でも、オバケに頼らずに仕事をこなしていく自信があるかと考えると、やや心配だった。心配だったが、仕事を選ぶことはできるかもしれないと思った。編集者のなかには、フリーランスへの謝礼を低く抑えることで編集部内での自分の評価をあげようとする人もいて、そういう編集者とは仕事をしないと、わたしは先生と約束をした。

強さとは何か

カウンセラーの助けを借りながら、無理をしないように気をつけて働くようになり、二年が経った。オバケは少しずつ姿を現す回数を減らしていき、新聞紙のような状態になることも少しずつ減ってきていた。夜に精神不安定になって出歩く回数も減り始め、道を歩いていて取り乱すこともなくなった。気がつけば一八歳で性暴力被害に遭ってから、一二年が経過していた。この間に経験したDVのことも含め、わたしはようやく、自分のこれまでを落ち着いて振り返ることができるようになり始めていた。

この頃、わたしはよく強さについて考えた。ユパが言った「強くなりたい」という言葉は、どんな種類の強さを指しているのだろう。亡くなって一四年が経過しても、わたしはユパ以上に正義を貫く人というのを見たことがなかった。ユパを理解したい、彼女の言う強さを手に入れたいと思いながら生きてきたけれど、自分が背負うことになったトラウマはどれも奇妙に思え、ユパの高潔さとは相いれない気がしていた。自分がこうした遠回りをしなければ、今頃はもう少し彼女の苦しみを理解できていたのではないかという気がして、ユパに対して申し訳なく思った。

その一方で、仕事はすこぶる順調だった。わたしはさまざまな分野から「取材をお願いしたい」と声をかけてもらえるようになっていた。自分を大事にしながら編集部の信頼を得たことは、確実に自信につながっていた。最初は主婦向けの料理や節約、健康の記事ばかり頼まれていたが、事件取材やインタビュー、リポートも任されるようになってきていた。ほかの週刊誌からの連載《さい》の依頼もあり、目標としてきたノンフィクションへの道が徐々に開けつつあるのを感じていた。

だからこそ、そろそろ本当に書きたいものを書かせてほしいという考えが湧き上がりはじめていた。書きたいものといって浮かぶのは、ユパの襟元を染める血の赤さと、刑法改正のことだった。ただ、当時はそのふたつのつながりについての記憶を失ってしまったままだったので、わたしは奇妙に思いながらも、編集部に提出しようと、刑法改正についての企画書を何回も書いては消した。消したのは、企画を通すためにはもう少し応援団を増やす必要があると考えたからだ。応援団を増やすためにはせめて書きたいことを口に出さなければと考え、「刑法を改正したいんだよね」と口にし始めていた。

「何を、子どもみたいなこと言ってんの」

周囲の反応はいまいちだった。誰に対しても臆することなく意見をしたユパのような勇敢さはなかったけれど、それでもわたしは、自分の回復を実感していた。

わたしを福島へ行かせてください

東日本大震災が起きたのは、まさにそんなタイミングだった。

二〇一一年三月一一日、東北地方の太平洋沖を震源とする大地震が起きた。東北の海岸線に迫る津波《つなみ》の映像を見たわたしは、すぐに、新潟県にいる父に電話をかけた。安否確認の意味もあったが、父は独学で地質学や地震のメカニズムを勉強する人だったので、この地震の性質についての意見を聞きたかったのである。当時、村会議員になっていた父は、議会の議場にいて揺れを観察していた。

「地震の規模はかなり大きい。震源はもっと北だろう。福島や宮城の原発が心配だ」

父は言った。それは福島の原発の危機的な状況が明らかになる何日も前のことだったが、わたしも、たしかにその通りだと思った。

翌日、すぐに編集部に駆けつけた。編集部では、地震と津波の被害をどう伝えるかの検討をし始めたばかりで、原発の行く末を心配している人はまだ誰一人としていなかった。わたしは、

「原発問題は、たぶんこれから火を噴きます。わたしを福島へ取材に行かせてください」

と声をかけて回った。

「今は宮城だよ宮城。何言ってんだ」

最初は誰からも相手にされなかったが、わたしには直感があった。幼少期から電力会社の歯切れの悪い物言いの裏にあるものを感じ取ってきたからだ。それから原子炉《ろ》の構造も、小学生の時に校外授業で見学して知っていた。あの津波に原子炉が耐えられるはずがなく、電力会社は間違いなくそれを隠そうとするだろうと思っていた。

その頃のメディアには、東京電力からの莫大な広告費が流れ込んでいた。たとえばチェルノブイリなど海外の放射能汚染の危険についての記事が紙面に小さく載《の》ると、その直後に電力会社から電話がかかってきて大口の広告掲載が決まったと、ある雑誌

の編集者が教えてくれた。各出版社の編集者は電力会社からの接待攻勢にすっかり慣れ切っており、「さん」づけで各電力会社を呼んでいた。だから二〇〇七年に中越沖地震で放射能漏れが起きた時も、現地で取材したことを記事にするのが大変だった。編集者は「東電さんを怒らせないような記事にしないと」と言っていつも以上に気を遣い、わたしはそれに根気強くつき合い、多くの表現を削り、それでようやく記事にすることができた。

また大前提として、東京などの大都市圏《けん》に住む人たちは、原発の近くに暮らす人になど興味を持っていなかった。原発の近くに暮らす大人たち子どもたちが言葉の砂漠のなかで生きていることなど知る由もなかったし、話しても興味を持つことはなかった。ましてやユパの死について話したところで、「忌《い》まわしいね」と言われるだけだったし、自分たちの便利な暮らしがユパの死の原因の一端を担っていることなど、誰にも考える力がなかった。

こうした状況は、原発問題に飛び込んでいって取材をする人材が育っていないということを意味していた。この問題をしっかり取材して報道することができれば、ノンフィクションで認められて、一冊くらいは性暴力についても書き遺して死ねるかもしれないとわたしは考えた。

果せるかな、福島第一原発の状況は悪化の一途をたどり、ついにわたしの電話が鳴った。

「福島へ行ってくれ。どんなことでもいい、状況を書いて送ってくれ」

わたしは服の下のお腹の部分に、サランラップを幾重にも巻いて福島に入った。ガンガン歩き回り、次々に書いて編集部へ送った。原発三〇キロ圏内から避難せずにひとりで暮らしているおばあちゃんの涙、家族が行方不明のまま捜索《そうさく》もしてもらえず自分も避難しないと決意したおじいちゃんのつぶやき、避難した先でなんとか子どもの未来を守ろうと気丈《じょう》に頑張る主婦の一日、原発で働く婚約者と離れ離れになった看護師の涙、なぜ大手メディアは取材をしにこないのかと憤《いきどお》るスーパーの買い物客の怒声、生まれたばかりの赤ちゃんを抱えた一〇代の母親の不安――わたしの書いた文章が次々と誌面に掲載され、ネットニュースになっていく。当時はそれほど、現地からのレポートは貴重だった。

「福島へ飛び込んできてくれてありがとう」

「福島の現実を書いてくれてありがとう」

そんな言葉が、取材をさせてくれた方たちから次々に届いた。

わたしは彼らに、取材をさせてくれたこと、こうして記事を書かせてくれたことは、自分にとっても原発への想いの整理に役立っているのだと伝えた。それは素直な気持ちだった。

福島を歩き回っている時、わたしはたびたび妙な錯覚《さっかく》を覚えた。いつかどこかでユパに会えるのではないかという気がしたのだ。いじめられ、「強くなりたい」と言って死を選んだユパ。わたしたちが引き裂かれた理由について、心のどこかでずっと、原子力発電所のすぐそばに生まれたからなのだろうと感じていた。実際、福島原発の周辺でも、原発に対する意見を言う親の元に生まれた子どもがいじめられたという証言を聞いた。胸がギュッと締めつけられる感じがした。加害者たちの加害性が、ようやくくっきりと立ち上がって見えたような気がしたからだ。福島の方たちが皆、わたしたちの古くからの仲間であるように思え、涙を流し続けながら取材を続けた。

当時、一年のうちだいたい三分の一を福島県で過ごしていたわたしは、東京の編集部に戻ると、Iさんという編集者から声をかけられた。

「池田さん。いつもありがとう。君の文章はすごくいいね。それで、提案なんだけど、君の福島のレポートを一冊の本にまとめないか。実は、君のことを編集部としてうちのノンフィクション賞に推したいと思っている」

それは夢のような話だった。

続けてIさんは言った。

「その代わりにと言っちゃなんだけど、別件で、この事件の取材にも、ちょっとだけ行ってきてくれないかな」

そう言って、ある殺人事件の記事の切り抜きをわたしに見せた。

こういうオファーは珍しかったが、殺人事件の取材は以前にもしたことがあった。その時は駆け出しのライターだったのでひとりで行くことは稀《まれ》だったが、福島の取材のおかげで、わたしはひとりで動き回ってひとりで書くことには慣れていた。賞の話を断りたくなかったこともあり、わたしはその事件取材を引き受けることにした。

6 「被疑者は取引をしたと言っています」

——仕事中の性暴力

仕事はやりがいに満ちていた

Ｉさんに頼まれた事件取材のために、わたしは北の大地へ降り立った。

空港から目的地へ向かう車内で、事件の資料を読みながら時々顔をあげ、窓の外を流れていく風景を眺《なが》めた。地平線の彼方までずっと雪が積もっており、タンチョウヅルが二羽、雪原に戯《たわむ》れている姿が見えた。新潟県の雪質とは少し違っているようだった。

わたしは心のなかでユパを呼び寄せて、目を瞑《つむ》った。ふたりで雪玉をつくり、雪原に遊ぶ想像をする。瞼の裏で息を切らして転げまわりながら、わたしはこれまでの時間を思い返していた。

あと何年かすれば、わたしの人生のなかで、ユパと過ごした時間よりもユパを喪ってからの時間の方が長くなるだろう。彼女の襟についた血の赤さを目にしてからこんなに長い時が経ってしまったということが、信じられなかった。ユパに会えたら話したいと思うことがたくさんあった。性暴力に遭って、わたしという人間がまるで変ってしまったこと。性暴力について落ち着いて話せるようになるまで一〇年を超える時が必要だということが、最近ようやく理解できるようになったこと。これまで、わたしという人間がいなくなってしまったように感じることも多かったけれど、ユパと過ごした時間がわたしをこの世につなぎとめてくれたこと。ユパが傍にいてくれないことを恨みに想ったこともあったけれど、わたしは彼女に感謝していた。きっと、ユパはもっともっと辛い気持ちを抱えていたのだろう。それを聞いてあげることができなかった自分の無力さを想った。

目を瞑ってそんなふうに回想をしていると、いつもは何も言わないユパが、言葉を発したような気がした。

「カウンセリングを続けないとダメだよ」

痛いところを突かれたと思った。福島の取材に取り組むようになってから、仕事は多忙を極めていた。その影響でカウンセリングも休みがちになってしまっていたからである。たしかに、ここまで回復することができたのはカウンセリングのおかげだ。でも福島の取材も続けたい。五年後には性暴力について取材をして書きたい。一〇年後には刑法改正の必要性についてしっかり書けるノンフィクションライターになっていたい。

「たしかにそのためには、カウンセリングは続けなくちゃいけないな……」

二〇一二年三月五日の朝、わたしは車のなかでそう呟きながら、仕事の資料に顔をうずめた。まさかその日の夜、自分が再び性暴力に遭うことになるとは想像することもできずに。

胸が張り裂けるような感じ

取材先で、わたしは車を乗り換えることになった。取材相手が自分の車で現場を回りたいと言ったからだった。何時間か車で走るうち、外は猛《もう》吹雪となり、視界は三メートルもない状態となった。後に記録を調べてみたところ、この日はひと晩で五一センチの積雪があったそうだ。しかし、取材としては車を運転する関係者の男の話が重要だったため、視界の悪さは問題ではない。わたしはボイスレコーダーを回しながらメモを取った。

「ちょっと物を取りにいかなくちゃ」

取材相手の男はそう言って、幹線道路から脇《わき》道へそれた。細い道に入ると、車は積雪のせいでバウンドしながら進んだ。その間もわたしは話を聞き、バウンドしながらメモを取った。一面真っ白な雪原だった。細い道を何回も曲がったので、もともと走っていた幹線道路がどっちの方角にあるのか、さっぱりわからなくなってしまったなぁと思っていると、男は林の傍の小屋の前で車を停めた。

小屋に物を取りに行くのだろうと思っていたが、男はいつまでも車を降りて行かなかった。そして醜《みにく》く微笑みながら、

「お願いがあるんだけど、キスしない？」

と突然言った。

わたしの全身は、一瞬にしておかしな状態を呈《てい》した。胸や肩のあたりがこわばってしまって、声が出なくなり、一方で力が抜けたようになり、身動きが取れなくなってしまったのだ。これは非常にまずいと思った。その状態では息を吸うことができないので、声を出すこと自体が不可能なのだ。

それでも全身の力を振り絞《しぼ》り、何とか声を絞り出した。わたしの声は別人のようにかすれていて、おばあさんのような声しか出ないということに驚きながらも、「わたしは、今も前に受けたレイプのトラウマの治療をしていて、だから、困ります」と言った。すると男はにやりと笑って、

「そんなのはお前が悪いんだろ。関係ねえや」

と言い、無理やりキスをしてきた。

わたしは男の行動と言葉に、全身を漬物石《つけもの》で殴られたようなショックを受けた。トラウマを理解しない人に、これまでの苦労についてどう説明したらいいのだろう。絶望的な気持ちになった。

膝《ひざ》の上に置いていたノートとボイスレコーダーを守って逃げようと思った。そこには、まだ文章にまとめていない福島の人たちの言葉がたくさん詰まっていたからだ。なかには、何か月もかけてわたしを観察して、信用できる人間だとわかってからようやく聞かせてくれた被災者の方の言葉もメモされていた。それらの記録を本にして、

絶対に社会に届けなければならない。でもわたしの体は動かなかった。男が払いのけたので、それらの宝物はわたしの足元にバサリと落ちた。胸が張り裂けるような感じがした。

「馬鹿な女」として殺されるのかもしれない

これは性暴力だ、性暴力が始まろうとしているんだと、わたしははっきり思った。でも性暴力だと思えば思うほど、体は動かなかった。頭のなかのわたしは大学の図書館にいた。

「もしもあの時抵抗していたら、間違いなく殺されていただろう。今、この古い解説書を持って図書館に立っていることもなかっただろう。暴行・脅迫要件を賛美する刑法学者たちは、性暴力について何も知らないのだ」

そう考えながら、解説書を読み進み、あの一節に出会ったのだ。

「ささいな暴行・脅迫の前にたやすく屈する貞操のごときは本条によって保護されるに値しないというべきであろうか」

刑法によってレイプされているようだと感じた。気が狂いそうになりながら、抵抗しなければならないとはっきり考えた。腕が折れても、何が何でも、動かさねばならない。「ごとき」とか「値しない」とか、そんな偏見に満ちた言葉に負けるわけにいかない。闘わなければ今度こそ本当に、トラウマによって死んでしまうことになるだろうと思った。それでもわたしの体は動かなかった。

男はわたしに、

「服を脱《ぬ》げ」

と言ったけれど、わたしが体を動かさないので明らかにイラついていた。殺されるかもしれないと思った。

吹雪のなかを裸《はだか》で逃げ、男に殺されるさまを想像した。雪原に赤い血が広がる。春がきて雪が融《と》けるまで、勇敢なわたしの遺体は見つからない。見つかった時にはもう腐っているのだ。裸の腐乱《ふらん》死体となったわたしを、誰もが「馬鹿な女だ」と言うだろう。そして忘れ去られる。その方がいいだろうか？　……いや、そんなことはだめだ。逃げ切れるくらいに早く雪原を駆ければいい。生き延びて家族の顔をもう一度見るのだ。

その時左手の薬指が少し動かせたので、わたしは指一本で助手席のドアのロックを外した。外から希望の粉雪が吹き込んだ。男は咎《とが》めるような目でこちらを見てから、無言でドアを閉めた。それ以上、わたしには何もできなかった。

ハツカネズミの命

「はい、こちら性犯罪専門ダイヤル。どうされましたか」

当直の警察官は男性で、「性」という単語を言うのが恥ずかしいらしく、わざと面倒くさそうに話す人だった。

「いま、レイプされました。今すぐ証拠を取りにきてください。到着するまで、トイレに行かないで待っていますから、早くしてください」

事務的にそう告げると、その人も目が覚めたようだった。

わたしは雪原から生還《かん》し、すぐに通報をした。自分のケースは暴行・脅迫要件にかかるかどうか、ボーダーライン上のケースだと自覚していたので、非の打ちどころのない被害者としてふるまう必要があると考えていた。どれだけその可能性が少ないとしても、きちんと加害者を捕まえて、牢屋《ろうや》に入れてほしかった。「君を信じる」と、今度こそ司法に言ってほしかった。

わたしは、自分でも驚くほど冷静に考えていた。あと三か月たてば、わたしの精神はPTSDの症状を呈して完全に狂う。経験上、そこから三年間か五年間は、正気を失いながら生きることになるだろう。性暴力について落ち着いて語れるまで、少なくとも一〇年はかかると覚悟しなければならない。それまでの期間を生き延びることができるかどうかは、今度こそ本当に賭《か》けになる。賭けに負けた場合、わたしは回復することも、理解されることもなく死ぬ結果となるだろう。

ここからの三か月が勝負だとわかっていた。その間、わたしにできることは、限界まで冷静さを保ち、事実を正確に語ることだけだ。そこまでに最大級の努力をして、それでも自分のケースが不起訴になるようならば、はっきりと、わたしに責任はないと言い切ることができるだろう。そうなれば、間違いなく社会がおかしいと証明することができる。「これはある種の実験なのだ」と考えた。そう考えるしか方法がなかった。ハツカネズミとして、後世の人たちに骨を拾ってもらうべく、限界までやる。その後は、誰かがわたしの骨を拾い、刑法を改正してくれるだろう。

そんなふうに考えながらも、心は悲鳴を上げていた。警察が到着するまでの二時間ほどを、わたしは引き続き録音し続けていた。それは自殺しないための工夫だったのだが、この時の音声には、地獄《じごく》の底にいるような声で「死にたいよー」と繰り返している様子が記録されている。それはまるで、窓から飛び降りようとする右手を、別なわたしが左手で押さえ、必死に説得しようとしているような時間だった。心のなかで言い聞かせ続けた。以前の自分はもう消えてなくなったのだと。描いた夢や、これからの自分の人生は、今の時点でゼロになった。歯を食いしばれ。生き延びろ。わたしの命は、刑法改正のためのハツカネズミなのだ。

警察の覚悟

警察が到着して捜査が始まり、わたしはすぐに、特別に訓練された性犯罪専門のチームが派遣されてきたのだとわかった。彼らの声掛けは的を射ていて、捜査の手際も心得たものだった。これまでの人生で性暴力についての書籍を読み込んでいたために、警察から二次加害を受けまくることを覚悟していたわたしには、嬉しい驚きだった。敢えて性犯罪専門ダイヤルに電話したことが功を奏していた。

わたしは捜査に身をゆだね、音声データもすぐに提出した。事件の概要をひと通り証言し終えたところで、担当のK刑事が言った。

「非常に悪質な加害者だと思います。我々としても、何としてもこの事件を検察に起訴してもらいたいと考えていて、証拠固めに全力を尽くすつもりです」

警察がこの事件に前向きであることに胸をなでおろしつつも、わたしは尋ねた。

「ありがとうございます。でも、暴行・脅迫要件がありますが、そこはどうですか」

この質問にK刑事は少し驚いた様子を見せた。

「刑法についてご存じなんですね。そうなんです。池田さんは今回、抵抗ができなかったということなので、暴行・脅迫要件にかかるかどうかはかなり微妙です。ただ、我々の方でも判例を調べていまして、被害者が閉じ込められ、抵抗できなかったケースで有罪になっている判例を見つけました。行けると踏んでいます。今回、その判例を付して検察に送致します。すでに検察庁とも連絡を取り合っていて、我々の本気度を伝えています。今後、池田さんの主治医にも意見書を出してもらうことになるかもしれませんので、協力をお願いします」

この回答を聞いて、彼らはわたしと一緒に闘うつもりがあるとたしかめることができた。

警察は容疑者を逮捕し、容疑者は検察庁へ送致された。

不起訴の予感

刑法の体現者である検察官と初めて対面した時、すごく嫌な感じがしたのを覚えている。その時のわたしはまだＰＴＳＤの大きな症状が始まっておらず、比較的気丈にふるまうことができた。検察官は、そんなわたしを訝《いぶか》しんでいるようで、

「抵抗はできましたか？」

と尋ねた。わたしが、

「恐怖で、できませんでした」

と答えると、

「あ、そうですかー、抵抗、できなかったのですかー」

とからかうような口調で言った。その後の短いやり取りのなかで何回も「抵抗できなかったのか」という点を確認され、できなかったと答えるたびに、ため息をついて酷《ひど》く落胆《らくたん》した様子を見せた。その日、検察庁の待合室の窓から飛び降りようとしたところを、わたしは係員に止められた。

その後も、取り調べのためにわたしは四回ほど北の大地へ赴《おもむ》いた。「不起訴になる」という予感が深まるのと軌《き》を一《いっ》にするかのように、PTSDの症状は悪化していった。途中からは精神病棟への入院を余儀なくされた。わたしは病院からそのまま羽田を経由して検察庁へ通い、暴行・脅迫要件の考え方についても検察官に意見を述べたし、PTSDの診断書を提出したうえで「強姦致傷罪になるのではないか。そうなれば起訴しなければならないはずではないのか」とも伝えた。

三回目の取り調べでN検事は

「わたしも忙しいのです」

というセリフを繰り返した。不安に感じていると、

「被疑者は、あなたと取材についての取引をしたと言っていますが、そういうことはなかったわけですか？　あなた自身、これまでにもない？　取材をする記者一般についても、そういうことは全くないのですか？」

と尋ねてきた。わたしはきっぱりと否定した。

「先日提出した資料にあるとおり、わたしは加害者にはっきりと『困る』と言って否定の意思を伝えていますよね」

すると、N検事は何のことだろうという顔をした。

「犯行時の録音を文字に起こして、提出しています。すでに音声データも警察から

提出されているはずです」

とわたしが言うと、慌《あわ》てた様子で「あ、ああ、あれですか」と言った。そしてその内容について、見当違いなことを述べた。N検事は提出した資料に目を通していないことをごまかそうとしているのだ、と思った。

心の限界を超えるほどの恐怖

この証拠は、録音していた犯行時のやり取りを書き起こしたものだった。弁護士か
ら「これ、例の書き起こしです。犯行時の」と紙の束を渡された時、わたしは非常に
感激したことを覚えている。
「ありがとうございます。すごい、先生が全部文字にしてくれたんですね！」
すると、弁護士はこちらを気味悪そうに見て言った。
「違いますよ。池田さん、あなたが自分でしたんでしょ？」
困惑《こんわく》していると、わたしが自分で弁護士に資料を提出したメールを見せられ、絶句
してしまった。精神病棟の個室にPCを持ち込んで作業をしたと、わたしは自分でそ
のメールに書いていたのである。
なぜ記憶がないのか。理由として思い当たるのは、その作業が自分にとってあまり
にも過酷だったからということしかなかった。自分という人間がここまで壊れてしま

ったのかとショックを受ける一方で、最後の手段としてこの書き起こしが動かぬ証拠となってほしいという、当時の強い気持ちの断片が思い出された。N検事の心を動かさなければ不起訴になるという状況に、わたしはそこまで追い詰められていたのである。その時の頑張りを覚えていてあげることはできなかったが、その時わたしは、決死のチャレンジを選択した。そのことは、いかにもわたしらしいなと感じた。ところが、命を削って作成したその証拠に、N検事は目すら通していなかったのである。その時、N検事の心はすでに不起訴で固まっているのだとはっきり感じた。

刑法を変えることは被害者にしかできない

東京に帰ってきてから「もう次の取り調べは存在しないのだろう」と考えたわたしは、勇気を出して検察庁へ電話をかけ、N検事の上司にあたる検事正と話したいと伝えた。

「N検事の捜査態度が偏見に満ちていて、わたしの話をちゃんと聞いていないからです」

と伝えると、電話に出た受付の男性は明らかに狼狽《ろうばい》した様子を見せ、検事正ではなく、やっぱりN検事に電話をつないだ。あなたではなく検事正と話したいと伝えても、N検事は譲《ゆず》らず、「あなたの捜査態度を改めてもらいたい」と伝えると、もう一度だけ追加の取り調べが行われることになり、わたしはN検事と最後の対面をした。

今思い返すと、ちょうどこの頃が、PTSDの症状が最も激しい時期だった。過呼吸により話すことも難しい状態だったけれども、わたしは、手負いのライオンのようにゼエハアしながら、みっともなく流れる涙とよだれと汗を止めることができないまま、次のようにN検事に伝えた。

「あなたが検察官になったのは、きっと若い頃に人権について考えた時期があったからですよね。多分そうだと思います。わたしが伝えたいのは、女性に参政権もなかったような時代にできた法律で裁かれるのは嫌だということです。二一世紀になって、こんなに証拠がたくさんそろっている事件で、加害者が不起訴になるような、そんな野蛮《やばん》な国には住みたくない。そのことをしっかりと考えて、判断を下してください」

するとN検事は、わたしの証言内容と加害者の証言内容にほとんどへだたりがないことを認め、

「努力しますが、それでも、悪いことをしたという意識のない人を刑務所に入れることはできないのです」

と抑揚《よくよう》のない声で言った。悔しさが募った。

「わたしの話は、聞くに堪《た》えない話だったかもしれません。度を越していたかもしれない。それでも、あなたがお仕事をしてくれたことはわかっています。だからこの

先のあなたの人生で、このことは別に気にしなくてもいいです。でもわたしは気にしますし、忘れません。刑法を変えなければならないと思っています。あなたたちがちゃんとお仕事をすることができるように、変えなくちゃならない。それは被害者にしかできないことだ」

ひきつけを起こして椅子《いす》からずり落ちそうになりながら、刑法を変える必要があると言ったわたしに対して、N検事は鼻先で笑うような表情を一瞬だけした。

ふと見ると、N検事の横で、書記官が目を見開いてこちらを見ていた。それはまるでバケモノを見るような目つきだった。社会の内側から外側を見ているつもりなのだろうと、その時思った。

7 「たぶん普通なら逃げるんだろうな」

――トラウマとの闘い

弁護士のもとに不起訴（処分保留）の通知があったのは、それから何週間か後のことだった。理由は「被疑者の言い分にも一理あるから」ということだった。加害者は「情報提供の見返りだった」「自由恋愛だ」などと主張していたが、その支離滅裂な言い分を検察官が一部認め、さらに実際には暴行・脅迫要件のハードルの高さも加味した結果をそのように言っているのだと思った。

N検事が、検察官として非常に臆病《おくびょう》な判断をしたということに打ちひしがれた。しょせんサラリーマンなのである。N検事は、加害者ではなく、わたしを吟味《ぎんみ》し、守らなかった。暴行・脅迫要件についても「難しい」としかコメントせず、見解を示すことすら避けた。それは検察官の仕事としては正解だったのかもしれないが、ひとりの人間として、わたしはN検事に対して何とずるいのだろうと感じた。

闘いに敗れたわたしは、文字通り力尽きた。検察審査会に訴えることも考えていたが、刑法を変えなければ、それもまたいい結果にはならないとわかっていた。弁護士は民事訴訟《そしょう》を提起することを勧めたが、ふた言目には必ず「でも刑事で不起訴になっているから不利ですよ」と言った。「不利ですよ」を繰り返す弁護士とタッグを組んで立ち上がる力も、新しい弁護士を探す力も、わたしにはもう残っていなかった。

それからしばらくは、外出することができなくなり、部屋に引きこもる日々を過ごした。

レイプされてしまったので、結婚をやめさせてください

この暗い時代を生き延びることができたのは、家族の支えがあったということに尽きる。実は、検察からの取り調べが続いていた時期に、わたしは結婚をした。正確に言うと結婚式の二か月前に事件に遭ってしまい、なんとか式だけは挙げたものの、式が終わってすぐに精神病棟に入院するという事態になってしまっていた。

もちろん、結婚自体を取りやめることも考えた。トラウマは人生を一変させる。わたしはすでに、その残酷さをよく知っていた。だから、婚約者を一方的にこの件に巻き込むわけにはいかないと考えていたのである。

「この性暴力は、確実に婚約者の人生を破壊してしまうことになる」

そうわかっていたからこそ、誠実に正確に事態を伝える必要があると考えていた。

長い出張から帰り、

「ごめんなさい。仕事先でレイプされてしまったので、結婚をやめさせてください」

と告げた時、婚約者はドッキリを仕掛けられた芸能人のような表情をしていた。わたしがすでに抱えていたトラウマやカウンセリング通いについて聞いてはいたものの、彼は決して、事の重大さにピンときてはいなかった。わたしはそれをわかっていたが、彼のそういうところを愛しくも感じていた。なぜかというと、根拠はとくにな

くても「何とかなるだろう」と思えることはわたしにはもうなかったから、そういう人生観を持てる婚約者の健全さがうらやましかったのだ。そんな彼を、今度こそ本当に許容限度を超える現実によって驚かせてしまうことを、この時とてもつらいと感じたのを覚えている。

彼はこの時、「結婚はやめない」と言い、わたしたちは結婚した。

トラウマ治療にはお金がかかる。しかもわたしの場合は、やっと収入が安定し、以前から抱えていたトラウマの治療に取り組み始めたところだった。そこに、さらに過酷な経験を抱えてしまったとなると、生きていくだけでも天文学的な時間とお金と労力がかかることが予想された。しかし不起訴になった時点で、編集部からの支援はすべて打ち切られてしまった。フリーランスなので労災もない。ライター時代の貯金はものすごい勢いで減っていき、あっという間に底をついた。ポジティブなことには何もお金を使っていないにもかかわらず、残高がほとんどなくなってしまった通帳を見た時、これはものすごいことが起きたのだと改めて感じた。

ちょうど、ふたり分の収入で家賃を払うつもりで少し広いアパートに越したばかりだった。わたしが働けなくなってしまったら、アパートの家賃を支払っていけるとも思えなかった。仕事ができる状態とはほど遠く、一体何年たてば働けるようになるのか、それすら全くわからなかった。生きていけないと思った。でも、刑法が百年前の価値観から変わらない以上、誰もそれを償《つぐな》ってなどくれない。こんな人生に、大切な人を巻き込むべきではないと考えるのは自然なことだったと思う。

家族もまた被害者である

「結婚をやめさせてください」と言われた時のことを夫に尋ねてみると、「怖いなと思う」という答えが返ってきた。

「あの時、別れるという選択肢は僕にはなかったけど、実際に同じことが起きた時に、別れるという選択をする人はいるんじゃないかと思う。よくわからないことは怖いし、それってどれくらい大変なんだろうと判断もつかないから、たぶん普通の人なら逃げるんだろうなと思ったのを覚えている。だけどそうしなかったのは、ただ僕に、ほんの少しだけの強さがあったというだけだ。今考えると、もしそのほんの少しが僕になかったら、君という人はすでにもう死んでしまっていただろうなと思う時がある。そしてそういうケースは実際にあると思う。今でも時々思い出して、もしもあの時、今と違う選択をしていたらと考えると、怖いなと思う」

たしかに性暴力に遭ったのはわたし自身だけれど、夫を見ていると、夫も性暴力の被害者だと感じる。性暴力被害者との結婚が夫自身の判断によるものだとしても、被害者なのだ。それに、もしもあの時「別れる」と決断をして、わたしと家族になっていなかったとしても、それでもやっぱり彼も被害者なのだ。

性暴力被害者が見えない社会では、性暴力被害者の家族はもっと見えない。わたしにロールモデルがない以上に、家族にもロールモデルがないのだ。そのような社会で、家族は、ひとりの人間としてどのようにふるまうべきなのか、いつも迷いながら生きている。わたしの入院につき添うために有給を申請する際、本当の理由を会社に言うことができなかった夫に対して、たまにしかお風呂《ふろ》に入れない妻にも決して文句を言わない夫に対して、電車や人混みでしょっちゅうフラッシュバックを起こす妻のことを他人にうまく説明できない夫に対して、いつも、このような過酷な選択をさせてしまったことを申し訳ないと考えてしまう。

普通の会社員が犯罪被害者家族になるということ

N検事の取り調べの後に、検察庁の窓から飛び降りようとしたと前に書いた。それは結婚式の数日後の出来事だった。結婚にまつわるいろいろなことと事件の取り調べが、サンドイッチの具のように交互にやってくる状況に、わたしはノイローゼ状態になっていた。

その時、夫は、性暴力を取り巻く社会のこの状況に対して、初めてはっきりと「何かがおかしい」と感じた様子だった。我慢強い人で、普段から簡単に文句を言うような人ではなかったけれど、この時は即座にN検事に電話をかけた。

「犯罪被害者を待合室でひとりにさせるなんて、あなたたちは一体、どういうつもりで仕事をしているんですか。それでもプロなんですか。妻は精神病棟に入院して、そこから検察庁へ通っているんですよ。僕だって彼女につき添《そ》いたいけれど、そんなに頻繁《ひんぱん》に仕事を休むことなんか、普通の会社員にはできない。そんな被害者の家族の状況すら理解してもらえないままで、じゃあ僕たちにどうしろというんですか。結果的に何もなかったからいいということじゃなくて、今、もしかしたらすでに妻はこの世からいなくなっていたかもしれないんです。だって性犯罪の被害者なんですから。妻は何も悪くないのに、加害者が振るった暴力の種類がたまたま性暴力だったせいで、暴行・脅迫要件があるせいで、加害者を有罪にするのが難しいんですよね。法律の専門家なら、これがどういう状況なのか、あなたにもわかっているはずでしょう。他人事過ぎるんじゃないですか。真剣に考えてください」

結局は不起訴になってしまったけれど、この電話の後、N検事の態度は少しだけ変わった。多分、被害者にも家族がいて、家族もまた被害者であるということを思い出したからだと思う。

PTSDとPTG

PTGという言葉がある。PTSD（Post Traumatic Stress Disorder）はトラウ

マ受傷後のマイナスの反応や影響を指すが、ＰＴＧ（Post Traumatic Growth）はプラスの影響を指す。トラウマを負ったことによって成長した自分、得ることができた自分の力という意味だ。わたしはこのＰＴＧという考えが世のなかにもっと広まってほしいと思っている。

たとえば、

「わたし、性暴力に遭ったんです」

と伝えた時に、

「そうなんですか。そんな大変な経験をしたんですね。ということは、あなたってすっごくＰＴＧがあるってことになりますよね！」

と言ってほしい。わたし自身にも言ってほしいし、家族に対してもどんどん言ってほしいと思っている。なぜなら、今の日本社会にそういう空気や声掛けがないことが、戸惑《とまど》いによる静けさが、家族を追い詰めていると感じるからだ。

心のなかで雪崩が起きる

部屋に引きこもる日々のなかで、わたしはＰＴＧを感じることができずにいた。体が痛くなり、起き上がれなかった。一日中涙が止まらなかった。何も食べなくても汗をかくし、生きているだけで体も汚れる。それなのに、服を脱ぐのが嫌でお風呂に入ることができず、だったら死ぬ方が早いと思い詰めた。お腹がすくことも、髪の毛が伸びることも、息をする音も、何もかもが嫌だった。誰の顔も見たくなかった。

この時のわたしは、社会と自分の間をつなぐ文脈をすっかり喪失《そうしつ》した状態にあったのだと思う。感情や行動や欲望というのは、それ自体が動物的かつ自動的に湧き上がってくるのではなく、社会的な背景があって初めて認識され、選ばれ、湧き上がってくることができるものだ。だから人間は、自分以外の人間との間に文脈を共有できなければ、社会とのかかわりを始めることはできない。性暴力は、ただ単に物理的な暴力ではなく、こうした文脈そのものを破壊する暴力だと思う。

たとえば、加害者は、教育や仕事といった社会的なかかわりを利用して性暴力を働く。その結果、被害者は教育や仕事の場に行くこと自体ができなくなり、学業や就労を続けられなくなる。それは加害者が、被害者と社会との間にある文脈を破壊したために起きていることだ。実際にわたしも、一八歳の時に性暴力を受けた後に、入学したばかりの大学を退学している。大学の周囲にあるアパートに住むという、大学生としての社会とのかかわり方を利用され、その地域に住み続け学び続けるという文脈自体を破壊されたからだ。こんなふうに書くと、加害者はきっと「そこまでの被害を与えるつもりなどなかった」と弁解するだろう。たとえそんなつもりはなかったとしても、被害があればこうしたことは必ず起きるし、加害者が社会的文脈を利用して犯行に及ぶ以上、避けることはできない。

感情は、他者とのかかわり方や、かかわりのなかで起きた出来事に起因して生じる。けれども、言葉や行動は、かかわりの蓄積《ちくせき》がなければ選ぶことができない。欲望もそうで、欲望を抱くことが命と引き換えになるような状況下では、抱けない。あらゆる文脈を破壊された状態が、わたしを再び訪れていた。しかも今回は桁《けた》違いの大破壊だった。一八歳の性被害と、DVのなかで起きたさまざまな出来事、そして今回の性暴力がひと塊《かたまり》になって、雪崩のようにわたしを襲った。

わたしという文脈の喪失

頭のなかで、一〇代のわたしが怒っていた。

「あの時死んでしまえばよかったんだよ。そうすればもう二度とレイプされずに済んだのに。馬鹿だなぁ」

彼女は、おめおめと生き延びて大人になり、愚《おろ》かにも再び被害に遭ったわたしに対して、怒っていた。その隣には、DVの被害に遭っていた頃のわたしがいて、彼女が言った。

「社会は助けてくれないよ?」

三〇代のわたしは、一〇代と二〇代の自分に対して返す言葉を失った。

「わたし」というひとりの人間は、言葉や行動や感情の文脈の微妙なバランスの上に成り立つ、高度に社会的な存在だ。どんな人だってそうだと思う。その「わたし」は、レイプされた時点でゼロになって消えてしまっていた。社会的文脈を喪失したからだ。「わたし」の文脈を失った自分にとって、会うとか話すとか、メールを一本打つということは、高度な社会的コミュニケーションスキルが必要な作業だった。たとえ親や兄弟のような親密な関係であっても、いや、親密な関係だからこそ、文脈を失ったまま無理に「娘」や「姉」の顔をしたところで、すぐにバレてしまう。バレなかったとしても、それは役者が演技をするのと同じで、以前の「わたし」のふりをしてうまくいったというだけのことだ。「わたし」のふりが成功しても、後ろめたいし、本当にくたくたに疲れ切ってしまう。この状態で誰かに会うとか会話をするということ自体が、不可能だった。

社会的文脈の喪失は、根源的なものをも奪っていった。ついに読むことも書くこともできなくなってしまったのである。図書館の本を全部読んでしまい、一八歳で性暴力を経験しても書きつづけ、ホームレス生活をしながらもスピヴァクの本を手放さなかったわたしのなかにある言葉の泉が、涸《か》れてしまった。

本やノートを開くと、文字がぴょんぴょん、びゅんびゅんと飛び出してきて、その文字に体を切り刻まれるというおかしな妄想《もうそう》に襲われた。「平和」などという文字はとくに恐ろしかった。平和は、性暴力被害者を社会の外に出してしまい、残った人たちだけで考えているものだったと知ったからだ。性暴力被害者がそこに入ろうとすることを、刑法が阻《はば》んでいた。「社会」「民主主義」「友愛」「人権」が全部そろって、「お前は社会の一部ではないのだ」と言ってわたしの喉元《のど》に刃《やいば》を突きつけてくる。「ごとき」と「値しない」の完全勝利だった。そこに「いじめなどなかった」と言う校長先生の顔、それから「お前が悪いんだろ」と言う犯人の顔が重なった。

すべての仕事はキャンセルするしかなかった。本を出す話も、ノンフィクション賞も、すべてが過去の話だった。時々電話が鳴り、事情を知らない編集者から「仕事を依頼したい。あなたでなくては駄目《だめ》だ」と伝えられることもあったが、その「あなた」がいなくなってしまったので、断るしかなかった。仕事中に性暴力に遭ったことをちゃんと説明すればよかったのかもしれないが、その元気がなく、どうしても不自然な断り方になってしまった。

手段としての言葉と、目的としての言葉

何も書くことができないとは、小学校入学前のよちよち歩きの幼児になったような気がした。すべての言葉が自分にフィットしなくなっていた。文字を見ることすらもできない。ということは、これまで自分の心を満たしていたのは、すべて誰かから借りてきた言葉だったのかもしれないと感じた。

じゃあ、自分の言葉とは何だろう。

「ゆっくりでいい。焦るな。君の言葉で語ってくれ」

お世話になった思想家のSさんの言葉を思い返す。

これまで自分は、当事者の言葉をそのまま、手を加えずに伝えることに気をつけてきた。原体験は小学生の頃、隠れキリシタンの言葉を読んだことだったと思う。あの時わたしは、それを言葉のリレーととらえて感動した。二〇〇年近くの時を経て言葉が伝えられた、その事実に感動したのだ。だから、だから、大学生の時、社会的弱者の言葉はマジョリティに届かないというスピヴァクの訴えを読んだ時にも、あくまで弱者の言葉をそのまま逐語的《ちくご》に伝えることが大事だと考えた。言いよどみや支離滅裂《しりめつれつ》に思える言葉遣いにも、当事者なりの意味が宿っている。当事者にとっては、言葉は手段ではなく、目的だからだ。そうした当事者の言葉に手を加えることはリスペクトのない行為だと考えた。なぜ言いよどんだのか、なぜ普通とは違う言葉遣いをしたのかを理解しようとする態度が大事だと感じたし、それ以前に、当事者の言葉を伝えること自体が社会において阻止されているのであれば、ジャーナリストとして風穴を開けたいと考えていた。だから福島の人たちを取材する時にも、常にボイスレコーダーを回し続けた。裁判ではボイスレコーダーを回せないので、泣きながらメモを取り続けた。それもこれも、当事者の言葉をリスペクトしていたからだ。

一方で、自分自身の伝えたいことに関しては、いつも相手を基準に言葉を選んできたような気がした。ライターとしてバリバリ働いていた頃は読者に、思春期の頃は学校の先生や同級生に伝わる言葉を探してきた。幼少期からそうだった。いつもコミュニティのなかで居場所を探していたからだと思う。小学生の時に図書室の本を全部読んでしまったのも、原発の町で生き残っていくために、自分を助ける言葉を探していたからだ。大人になってからも、性暴力について書き遺したいと考えながら、自分自身の気持ちを書き遺す気はなかった。言葉はわたしにとって、自分の気持ちを伝えるためにあるのではなく、生き残るための手段だったのである。でも、そうした言葉とわたしの関係のありかたは、加害者とN検事によって完全に否定された。

気持ちを感じる訓練

わたしは、N検事に対して語っていなかったものがひとつだけあることに気がついた。それは自分の気持ちだった。性暴力に遭った悔しさ、絶望、それを語らなかった自分。なぜだろうと考えていて、語る以前に、感じることができないことに驚いた。自分の気持ちを感じようとすると、その前に、伝わらないだろうという諦めの気持ち、恐れの気持ち、伝わらない言葉には価値がないと馬鹿にする気持ちが湧いてきて、そこにあるはずの気持ちを覆い隠してしまう。言葉が生き残るための手段だったからこそ、気持ちを表現することを禁じていた自分に気がついた。

当事者は取材相手ではなく、自分自身だと認めるべきだと思った。しかしこの考えには取材者としてのタブーが含まれており、わたしは震えるような感覚を覚えた。もしかすると自分の言葉を持つということ自体が、社会からのけ者にされることなのかもしれないとも思った。ユパがそうだったように。

そう考えた途端、バケモノを見るような書記官の目つきの記憶が蘇ってきた。そしてN検事がわたしを少しも相手にせず、虫けらのように扱ったことも。法律家としての彼らの言動がわたしを支配していることを感じた。しかし、まさにそうした態度が刑法を古びさせてしまったのではないか。これまでのわたしも、どこか一歩引いたところから言葉というものを見てきた。それは彼らに理解されたいという遠慮《えんりょ》からだったという気がした。でもその結果自分が受けた仕打ちを考えれば、そうしたわたしの言葉に対する態度は、役に立たないものだったと思う。当事者としても、歴史の証言者としても、そしてジャーナリストとしても、まず、自分の気持ちを感じる訓練が必要だと思った。

当事者の言葉は特別だとスピヴァクは言う。言葉の土台には生きるということがあり、その生きるということが、当事者の言葉とそれ以外の人の言葉を決定的に違うものにしているからだ。わたしは考えた。歴史を動かす言葉があるとしたら、それは技術的に正しい言葉や、商業的に成功している言葉ではない。たぶん、本当に時間も空間も超える言葉というのは、言葉では到底表現しきれないような心の積み重ねが背景にあり、それが少しはみ出してしまっているような、一見すると不格好な言葉なのだろう。同じ言葉だからといって誰が発しても同じというわけではない。諦めや恐れの気持ちしか湧いてこないのなら、格好《かっこう》がつかなくても、それも含めて語る。当事者として語るとはそういうことだ。

こうしたわたしの気持ちの変化は、見た目で伝えることのできない変化だった。とくに身近な人にとっては、ポジティブな言葉を言えずに横になってばかりいる被害者の姿を受け入れることは難しいようだった。「早く治ってね」という言葉をかけられるたびに、本来、治るべきなのはわたしではなくて社会だと言いたくなった。「早く前向きになってね」と励《はげ》まされるたびに、これ以上ないほどに前向きだよと、伝えたくてたまらなくなるのだった。でも、そうした言葉を口にしてしまえば、身近な人を傷つけることにしかならないと思った。性暴力被害者の言葉に出口がない社会では、社会に対して語り掛ける言葉を、身近な人に対する非難ではないと理解してもらうことは、とても難しいことのようだった。

8 「まずはあなたが元気にならなければ」

――障がい者手帳を取得する

上手に語ろうとすると零《こぼ》れ落ちるもの

その頃のわたしは、「ただ日々を送る」というそれだけのために、莫大な力が必要な時期だった。生きているよりも、ビルの屋上の柵の向こうや、踏切の遮断機《しゃだんき》の向こう側へ行ってしまう方が楽だとわかっていたからだ。人間、楽な選択肢を選ばないためには、こんなにも努力を積み重ねなければならないのかと思いながら生きていた。カタツムリよりも遅いスピードでしか前に進まないこと、それでもいいから、一瞬一瞬を確実に地に足をつけて過ごすこと、それができないなら迷わず立ち止まること――そうした作業に集中していることしかできなかった。集中していないと、すぐに一触即発がやってきて、空中に投げられた新聞紙のようにバラバラな状態になってしまうからだ。

人生はかなり面倒くさいものに様変わりしていた。そうした葛藤や気持ちを語る場が必要だった。その点では、さまざまな治療法を試すなかでも、ピアサポートグループがわたしを最も支えてくれたと思う。ピアサポートグループとは、同じような傷つきを抱えた仲間同士で輪になって座り、お互いの想いや経験に耳を傾《かたむ》ける集まりのことだ。自助グループとも言われる。『レイチェルの結婚』『DON'T WORRY』などのアメリカ映画には、主人公がグループに参加するシーンが描かれているが、日本ではまだ、こうした治療法に馴染みがあるという人はそんなに多くはないと思う。

ピアサポートグループは、当事者同士で行う。医師や専門家が同席するケースもあるが、わたしは当事者だけで行うグループの方が好きだ。グループの冒頭《ぼうとう》で、ファシリテーター（進行役）が、毎回「グループでは上手に語ることが正解ではない」と繰り返し伝えてくれる。専門家ではなく、当事者が言うその言葉を聴くたびに、これこそが自分に必要なものだと感じた。

自分の気持ちの傷つきを語るということは、思った以上に難しいことだった。知らず知らずのうちに、なんとかうまく伝えようとしてしまう癖が抜けない。整ったきれいな形で語る方が、語り手としても痛みを感じにくいからかもしれない。でもそのような整った語りをしたところで、自分の言葉を取り戻すことなど永遠にできないだろう。

別の葛藤もあった。メディアの仕事をするなかで性暴力を受けてしまった自分の経験を、メディアを見る側の人たちの前でどう話せばいいのか、想像もつかなかったのである。電車に乗れば雑誌の広告が目に入った。テレビをつければ昔の知り合いがコメンテーターとして話している。ライターとして活動していた頃の自分を思い出しては、情けなくなり、落ち込んだ。文字や情報を見ないようにしていても、自然と企画書の見出しを考えてしまう自分をどうしたらいいかわからない。福島の人びとに「必ず書く」と約束したことや、信頼して話してもらったエピソードを記事にすることができなかった自分の不誠実さについて考え、毎晩のように悪夢にうなされた。夫によれば、その頃のわたしは夢のなかでも取材をしていたらしく、横になりながら布団のなかでノートに何かを高速でメモするしぐさをしていたり、誰かにインタビューをしていたりしたそうだ。そうした苦しさを、どう言葉にしていいのかわからなかった。こうしたことで本当に切実に苦しんでいるのだと、理解してもらえないのではないかと悩んでいた。

今考えると、この時のわたしは、上手に語ることの罠にまだ気がついていなかった。そして、自分の経験を特別に考え過ぎていたのだと思う。

被害者は身勝手な母親なのか

言葉を取り戻そうともがく日々を送りながら、わたしはふたりの女の子を出産した。ストレスによって膵《すい》臓を痛め、食べられるものが極端に限られる状況下での妊《にん》娠《しん》・出産だった。

妊娠をする前から、語りと向き合うためには、修行僧《そう》もしくはアスリートばりの自己管理が必要だった。妊娠を機に、年上の世代が「女性は我慢すべき」という古いジェンダー観を持っていることをはっきりと感じるようになった。彼らは、母親になれば母親らしい余裕やパワーが当然のように湧いてくると考えているようだった。わたしは不思議だった。自分では、そうした余裕をこれっぽっちも実感することができなかったからだ。母親教室や産科へ行くと、自分の心と体に集中している自分勝手な母親として、問題視されることも多かった。

出産する時は、痛みをほとんど感じなかった。自分よりも動揺している家族を見ているうちに、事件の直後のように冷静すぎる自分が現れた。「これは現実ではないオバケ」の仕業だと気がついてはいたが、身を任せるしかなかった。すると、赤ちゃんが自分の力でしっかりと産道を下りてくる感触が伝わってきた。「なんて上手に下りてくるんだろう」と感心しているうちに、赤ちゃんは元気に生まれてきてくれたのだった。

「あなた、すごい我慢強さね！　一度も痛いと言わなかった妊婦さんは初めてよ！」

と、助産師さんが驚いた。それを聞いてわたしも驚いた。自分の解離《かいり》症状（苦痛や恐怖が突然消えてしまったり、離《り》人症が生じたり、身体の麻痺が生じたりする精神症状のこと）の深刻さを実感してしまったからだった。

「PTSDの症状なんです」

と夫が説明しても、助産師さんにはよくわからないようだった。

おっぱいを吸われることに対するフラッシュバックで取り乱したり、出産の翌日に警察から証拠品の扱いについての電話がかかってきたり、さまざまなことが起きた。

それまでのわたしは、次々に襲ってくる出来事や、それらに対する違和感をピアサポートグループで語ろうとすることで、なんとか持ちこたえていた。でも、赤ちゃんがお腹から出てきたその直後に、子どもを預ける先を自力で見つけない限りは、ピアサポートグループに行くことができなくなってしまったことに気がついた。ベビーシッターを頼む余裕などなかった。治療を継続できなくなったわたしは、間もなく鬱《うつ》状態に陥《おちい》ってしまった。

あなたの仕事は治療をすること

わたしの精神は泥のように黒く濁《にご》り、停滞した。ちょっとしたことで、「もうやめて！」と叫び出しそうになってしまう。治療を受けなければ、生きていくことも、子どもを育てることも不可能だとはっきりわかっていた。もう駄目だ。そう思って、娘を抱えてふらふらと保健所へ入って行った。わたしが野垂れ死んだり自分を傷つけたりすることは勝手だが、その前に、子どもの命だけは何とかしなくてはと考えていた。

「妊娠したり出産したりしたからといって、トラウマはなくなりません。わたしのなかだけでつじつまや帳尻《ちょうじり》を合わせることはできないんです。そんなことをしてしまえば、トラウマを子どもへ向けてしまうことになるだろうと思います。子どもにとっては、母親が孤立無援で、何か得体の知れない存在によって苦しんでいるということは、恐怖でしかない。だからトラウマを子どもには向けたくないんです。ちゃんと、わたしがいい時間を過ごしていることを見せたい。ピアサポートグループに通い続けたいんです」

そう言って、仕事先で性暴力に遭って働けなくなったこと、カウンセリングやピアサポートグループへ通えず、精神状態が悪化していることを話した。何人かのケースワーカーが集まって協議を始めた。今日この場で子どもを連れていかれてしまうかもしれないと考えながら、悲愴な気持ちになっていると、戻ってきたケースワーカーから、障がい者手帳を取得することを強く勧められた。

「PTSDはたしかに精神障がいだし、なかでも目に見えない障がいです。だからこそ、手帳を取得すれば、今日のように行く先々でいちいち事件や症状についての説明をする必要がなくなるし、すべての手続きがスムーズに進むはずです」

そんなふうに説明をされた。最初は、かなりの戸惑いを感じた。ケースワーカーのうち、若い女性が続けて語り掛けてきた。

「あなたは今、社会的にかなり孤立しています。娘さんのことを考えれば、社会のなかのいろいろな立場の人、たとえばあなただけでなく保育士さんがかかわりながら育っていくということが、本当は必要だと思うんですよ。それに、あなたはPTSDを患《わずら》っているわけだから、本当なら治療することが仕事です。まずはちゃんと治療を受け続けていただいた方がいい。手帳を取得すれば、治療を続けやすくなります。だから絶対に取得した方がいいです。なぜかというと、あなたが毎回毎回、今日のように、精神医療についての知識がない保育課の人や保育園の先生に、治療の必要性を説明して、理解してほしいと思いながら切実に話して、そして理解されないということを繰り返していたら、どうですか？　ＰＴＳＤはよくならないし、ますます孤立していくだけです。そうしたら、あなたが心配しているようなことが実際に起きてしまうかもしれない。いいですか、まずはあなたが元気にならなければ、お子さんも幸せにはなれないですよ」

この言葉に、頭を大きなハンマーで殴られたような衝撃を受けた。それまでは、治療が必要だと口にしながらも、心のどこかでは「自分なんか」と後ろめたさを感じていたからだ。「本当は」働かなければならないのに、「本当は」子どものことに集中しなければならないのにと、いつも焦り、自分を責めていた。そんなわたしに、ケースワーカーの女性はまずはあなたの仕事は治療することなのだと言い切った。この日彼女にかけられた言葉がきっかけとなり、わたしは障がい者手帳を取得することを決めた。

見た目には健康体に見えたとしても、気を抜けば自分のなかの暴虐性に呑み込まれそうになったり、オバケが忍び寄ってきたりする。さらに、妊娠をして以来、誰もがお腹のなかの子どもを主語にしてあれこれ指示を出してくるので、いつの間にか主語を失った状態になっていた。主語を失うことは、究極の形でわたしの意思や存在を無視した加害者の前にいるような錯覚を起こさせた。

正直なところ、それまでは、事件を機に変わり果ててしまったこんな自分に対して、責任を取りたくないという気持ちがどこかにあった。わたしはこんな人間ではなかったはずなのにと思う日には、気持ちを奮い立たせなければ治療に向かえなかった。しかしこの時はっきりと、それでも治療を受け続けなければならないとわかった。主語を失ってしまうような状況だからこそ、強い意志を持って治療を選び続けることが必要なのだ。向き合い続けなければ、ＰＴＳＤの症状に呑み込まれて、簡単に自分らしさなど見失ってしまう。そんなことをしたら、ユパに「意気地なし」と叱り飛ばされてしまうだろう。

不発弾を抱えて生きる

子どもたちが保育園に通い始めたことで、わたしは再び治療に取り組むことができるようになった。

この頃考えていたのは、トラウマの後を生きるのは、まるで心のなかに不発弾を抱えているような感じだということだ。不発弾の埋まった大地の上をそろりそろりと足音を忍ばせて歩くように、わたしは臆病に背中を丸めて、足元ばかり見て生きていた。保育園の先生たちからは、さぞかし奇妙な人間に見えただろうと思う。しかし、無様だとわかっていても、その姿勢をやめてしまうことはできなかった。なぜかというと、気をつけていないとトラウマが爆発し、自分という人間の主導権を奪われてしまうからだ。周囲の人にはトラウマが見えない。だから主導権が奪われた状態のわたしを目撃されてしまうと、もっと深い誤解を与えてしまうことになる。不適切な人だと思われないためには、トラウマを意識して生きることが必要だった。

困るのは、不器用に、必死に、背中を丸めて生きているうちに、自分でも、なぜこんな生き方をしているのかがわからなくなってしまう瞬間があることだった。周囲の人と同じように寛《くつろ》ぐことがなぜいけないのか、気楽な気晴らしに参加することがなぜできないのか、そんなに禁欲的になる必要なんてないんじゃないか、面倒すぎるよと感じる瞬間が定期的にやってきて、わたしを苦しめた。

トラウマのなかにいる感覚と、通常の感覚は全く違っている。通常の感覚のなかで不発弾について語ることは、多くの場合非常に難しい。そのせいで、気楽なおしゃべりを愉《たの》しめないことが多かった。こうしたことが続くと、自分でも背中を丸めて生きている理由がよくわからなくなり、激しいフラストレーションを覚えたり、すべてを投げ出してしまいたくなったりするのだった。

一方、ピアサポートグループでは、通常の感覚のなかにいる時と違って、愉しく話す必要も上手に話す必要もない。起承転結はいらないし、話の途中で泣いてしまっても、全身がぶるぶる震えてしまっても構わない。どんな人だって、生まれて初めて口に出すことを語る時には、そうした反応があったとしても何も不思議ではないからだ。

参加する皆に共通していたのは、そういう姿を目撃し、目撃されながら語ることに意味があると理解しているということだった。ひとりひとりが、自分自身のなかに不発弾があることを確認し、それを目撃してもらうことを必要としていた。仲間に目撃してもらうことで、信じることができるからだ。コメントもアドバイスも必要ない。それぞれが、自分が生きるために語り、お互いを生かすために耳を澄《す》ませる。そしてグループが終わると、通常の感覚のなかへと出かけていく。お互いがお互いを生かしていた。

説明のつかなさを、どう扱うべきなのか

文字が読めないことと真正面から対峙《じ》することを避けてきたわたしだったけれども、そろそろこの問題とも真正面から向き合わなければならないと考え始めた。

テキストに選んだのはハンナ・アーレントの『人間の条件』という本だった。アーレントの本は、大学生時代にも読書会を開いて読んだことがあったのだが、当時のわたしには、内容をうまく理解することができなかった。それなのに、事件直後に精神病棟に入院する際、衝動的に荷物のなかにこの本を詰め込んで病室へ持ち込んだ。その後も、いつも枕《まくら》元に置いていた。しかし、この本を肌身離さずにいる理由は自分で

もよくわからなかった。

仰々《ぎょう》しいタイトルを見て驚いた看護師さんに、「何？　この本」と尋ねられたことがある。

「性暴力を受けた後の自分は、人間ではなくなってしまった気がするから、早く人間になりたくて置いています」

と説明したのを覚えている。


加害者が自分を人間として扱わなかったことに、わたしは深く打ちのめされていた。しかし、わたし自身がそもそも自分という人間をどう扱うべきなのかを知っているかというと、そうではなく、実はそちらの方により深い問題があるのではないか、とずっと考えていた。どうあるべきかがわからなければ、性暴力と性行為の違いが何なのかを言えないし、加害者や、加害者を許し続ける社会に対して、何が問題だと言えばいいのかがわからないからだ。

治療を再開した時、とにかくこの『人間の条件』という本を一年かけて読もうという目標を立てた。

言葉との和解

毎朝、子どもたちを保育園に送り届けると、二〇分ほどかけてお決まりのカフェまで歩いて行き、紅茶一杯でお昼まで粘《ねば》って『人間の条件』と格闘した。恐る恐る本を開いて、閉じ、開いて、閉じ、また開いて、大丈夫そうなら文字を目で追ってみる。本を閉じてブツブツ唱え、書けそうなら気になったフレーズをノートに何回も書いた。そしてカフェを出ると、しばらく歩いてはノートを開く。ブツブツ唱えながら歩く。またノートを開き、ブツブツ唱えながら歩いた。これを一年間続けた。

最初の頃は、文字を見るだけでいろいろな記憶や感情がどっとあふれ出した。N検事がわたしを鼻で笑う様子や、加害者の「そんなのはお前が悪いんだろ」という言葉、スーパーフリー裁判の傍聴をしていた時に「被害者はここにはいない」と感じた時の気持ち、わたしを叱《しか》りつけてくる校長先生の顔。もちろん「ごとき」「値しない」という言葉も。涙があふれてしまうので、本を閉じ、カフェの二階の隅《すみ》の席で、お昼になるまでずっと目にハンカチを当てていることしかできない日もあった。大地震がきたように感じてテーブルにしがみつくと、それは自分の体が痙攣《けいれん》していただけだった、ということもよく起きた。そんなわけで、結局夕方子どもたちを迎えに行く頃には、心身ともにぐったりと疲れていた。たしかに治療は、大、大、大仕事だった。

それでも向き合うことを止めるわけにはいかなかった。カタツムリの歩みより遅くとも、言葉の意味が体に染み込んでくる感覚を取り戻す必要があったからだ。ここから先は地に足をつけて進むと決めていた。立ち止まることはあっても、今度こそは決して地面から足の裏を離さない。言葉と感情が離れないように、わたしは細心の注意を払った。

ある時、いくつかの単語の意味が目に染み込んでくるように感じた。次に言葉の組み合わせ、そしてひとつの文章の意味、複数の文章のつながりが意識されるようになった。文章の内容について「どういう意味だろう」と悩むことができた日は、跳《と》び上がるように嬉しかった。

ずっと怖くて仕方がなかった「平和」という言葉に出会うと、「自分もその一部なのだ」と言い聞かせた。それでもどうしても「一部だ」とは思えない。途中からはそれでもいいと考えるようになった。今は平和のメンバーに入れてもらえていないとしても、それは事実なのだから仕方がない。ここから、自分たち性暴力被害者を含む平和を新しく構築していくしかない。今はそのような平和がないのだから一部だと感じることができなくてもいいと、言葉とともに、言葉に対する自分の複雑な感じ方を受け入れていった。

実際に一冊を読み終わってみると、一年が経過していた。本当に大変な作業だったけれど、主語を手放さないと覚悟を決めた新しい自分が、新しい言葉の世界を再構築するためには、避けて通ることができない作業だったと思う。

9　「一般人の感覚で説明できない罪は罪にならない」

――法律の言葉への違和感

ただ普通に働きたかった

次第に文字が書けるようになってきたものの、自分にはもう取材をすることはできないだろうと考えていた。「取材に協力したから許してくれると思った」という加害者の言葉に対し、日本の検察は結局、反駁《ばく》することができなかったからだ。

ずっと真剣に考えていた。被害者が仕事をしていたことを理由に性暴力が正当化されてしまう国では、仕事をすることはできない。でも日本では、国民に勤労の義務があるのだ。治療が仕事だと言われても、わたしは働きたかった。社会とつながりたかった。では、一瞬たりとも誰かとふたりきりにならずにできる仕事ってあるのだろうか。性暴力に遭った時に「そんな仕事をしていたからだ」と責められない仕事って、どこに転がっているのだろうか。考えても、考えても、そんな仕事はひとつもないという気がした。働くということは、社会とつながることそのものなのだと思った。

加害者の「内心の自由」ばかりが保護されることへの違和感

性暴力の加害者たちは、被害者の属性を順番に挙げて、異口同音に「だから許してくれると思った」と言う。たとえば、被害者が看護師なら「看護師だから許してくれるかと思った」と言うし、後輩なら「後輩をかわいいと思ったから」と言うだろう。なぜかというと、そのように言えば、「内心の自由」という概念を盾にして無罪を勝ち取ることができるからだ。

内心の自由とは、簡単に言うと、国家が個人の心のなかをああだこうだ言って裁いてはいけないという考え方のことだ。看護師に対して「看護師だから性暴力をふるっても許してくれるかもしれない」と思うことや、後輩に対して「後輩だから性暴力をふるっても許してくれるかもしれない」と思う人がいたとしても、国家は、その人がそう思っているだけで牢屋に入れることはできない。これが内心の自由だ。刑法には「悪人を牢屋に入れる」という絶対的な力がある。だから敢えて内心の自由という考え方を設けることで、国家の力が無制限に大きくなっていくことを予防している。

この予防のための考え方が、性暴力の加害者によって利用されているという実態がある。たとえば、加害者がAさんに勝手にキスをしたとする。その時、Aさんは「(キスをするのを)やめてください」と言った。それでも加害者は一方的にキスをしているので、Aさんは性暴力だということで被害届を提出した。ところが「Aさんは恥ずかしくて嫌と言っただけ(本当は同意していた)と思った」と加害者が主張した場合、加害者がそのように勘違いしたことも含めて、法律家は「加害者の内心の自由だ」と判断し、手も足も出せなくなってしまっていた。

実際、わたしの場合も、「そんな取材の仕方は一般的にもないし、わたし自身としてもない」ときっぱり否定しても、検察官は加害者の内心の自由を気にした。だから何回もわたしに「抵抗はできましたか？」と尋ねたのだし、わたしが「できませんでした」と答えるたびに、ため息をついてひどく落胆した様子を見せた。

その時の検察官は、まるでちっぽけな弱い存在のように見えた。そわそわして、立派なデスクの上にある万年筆を何回も触りながら、苛々《いら》と不安そうにしていた。彼ら法律家は、わたしたち性暴力被害者を平和のメンバーに入れるかどうかを決める関所に立っている。そこに立つ時、彼らはいつも手も足も出せなくなるのだ。加害者が「〜〜だから許してくれると思った」と言って、巧妙《こうみょう》にうっかりぼんやりな勘違いを演じ、内心の自由という概念をくすぐってくるからだ。ただ、このままでは法律家として何のアウトプットも出せなくなってしまう。そうした場合のために、百年にも及ぶ長い間、暴行・脅迫要件が存在してきたのだと思う。

本当は、一足飛びに性犯罪における内心の自由を議論する前に、表現の自由について考える必要があるかもしれない。そもそも人間（個人）の権利というのは、他の個人の権利を棄損《きそん》しない範囲《はんい》でしか成立しない。個人が内心でどんな差別的なことを考えていても国家はそれを罰《ばっ》することはできないが、その差別的な考えがひとたび表出された場合には、他者の権利を侵害する暴力となる。だから差別的な表現について、国が表現の自由を認めることはないのだ。このことをはっきりさせるために、二〇一六年、日本でもヘイトスピーチ解消法が成立・施行《し》された。その冒頭には、

「不当な差別的言動はあってはならず、こうした事態をこのまま看過することは、国際社会において我が国の占《し》める地位に照らしても、ふさわしいものではない」

と書かれている。

差別的言動とあるが、性暴力はそれを通り越して、実際の被害が発生している状態だ。にもかかわらず、国は加害者に内心の自由を認めてきた。被害者が、被害があったという事実をしっかり語っていても、証拠があっても、性暴力が命にかかわる暴力であるという認識が国民に広まってきていても、加害者の内心の自由が優先されてきた。こうした事態は、国際社会における我が国の占める地位に照らして、ふさわしいものではないはずだ。

人生を手放さずに生きていく

加害者が無罪放免《めん》となる一方で、被害者が天職を失うというのは、あまりに残酷な現実だ。わたしは働きたかった。ただ普通に働きたかった。「死んでしまえばよかった」とか「社会は助けてくれない」と言う一〇代や二〇代の自分に対して、社会のなかに、信じるに足りる存在として微笑んでいる自分を見せたかった。四六時中、こんなにも切実に世のなかのことを考えている自分に、働ける仕事がひとつもないなんて、まるで社会の側からシャッターを下ろされ、締め出されてでもいるようだと感じた。

頭を抱えながら思い出していたのは、南相馬市で出会った、あるおばあさんの言葉だ。彼女は福島第一原発から三〇キロ圏内に住んでおり、政府の退避勧告を受けても家に留まっていた。わたしは山道を分け入っておばあさんを訪ねた。

原発事故の知らせを受けて一度は逃げたおばあさんだったが、身を寄せた親戚の家や避難所で、自分の人生が自分のものでなくなっていくのがわかったという。だから息子が止めるのも聞かず、ひとりで自宅に戻った。もうここ以外の場所へは行く気がないということだった。

「オレ（わたし）の人生はここにしかねぇがら。さすけねえ（しょうがない）」

そして、他界したおじいさんとの思い出がこの家にはいっぱい詰まっているのだと話し、両手に持ちきれないくらいの玉ねぎを持たせてくれた。

「したっけ（じゃあ）、ありがとう」

誰も訪ねてこなくなった家の前で、おばあさんは手を振り、泣いた。それは、不安と誇《ほこ》らしさの入り混じった涙だった。

今の自分は、あの時のおばあさんと同じ選択を迫られているという気がした。わたしにも、自分の人生から出ていく気はない。おばあさんのことを「気でも狂っちまったんだべ」と言った人がいた。たしかに、狂ったことにしてしまう方が楽なのかもしれない。でもわたしはいつも、正気すぎるくらいに正気だった。おばあさんもきっとそうだった。誰にも理解されなくても、わたしはわたしとしての正気を保っていたいというだけなのだ。

発想を変えることにした。「誰となら」正気を保ち、信頼関係を築けるだろう。即座に浮かんだのが弁護士だった。法律の言葉が怖く、そんなに強くなれるだろうかと足がすくんだ。それでも知りたいと思った。わたしの人生を支配する法律の言葉を、法律家たちがどのように使っているのかを。

結局わたしは、自分で強くなるための道を選んだ。電車に乗る自信がまだなかったので、歩いて行ける範囲内にある法律事務所を探し、働きはじめた。やっと文字が読めるようになり、かろうじて普通の人のふりをしていることができるようになったばかり。被害からわずか三年しか経っていなかった。最初は一日三時間、週二日から勤め始め、少しずつ働く時間を長くしていった。朝は、鏡の前で「おはようございます」の練習をするなど、入念にイメージトレーニングをして出かけた。漢方薬を握りしめながら、午前中いっぱい電話番をして、帰ってくる。それだけでもぐったりしてしまい、次の日まで起き上がれなくなってしまった。

ふたつの世界を行き来する

法律事務所での仕事を通して、わたしは言葉の力を思い知らされることになる。

「物書きだったんでしょ。裁判に出す書面の文章を見てくれる」

弁護士に言われ、期待に応えようと必死で文章を整えた。

正直なところ、その頃の自分は、以前のように長い文章や難しい文章を読むスタミナを取り戻せていなかった。仕方がないので、今のポンコツな自分が一読してすんなり頭に意味が入ってこない文章には、読みやすくするための余地があると考えることにした。自分の感性に従い、文章を整えていった。まず文章を簡潔にし、文脈が整合していないところや意味が通らないところは、率直に「こうしてはどうか」と伝えた。言葉を補い、修正した。言葉の交通整理をしているような感覚だった。

「ありがとう。読みやすくなったね」

弁護士は喜び、その書面をそのまま裁判所へ提出した。何回かの裁判期日を経て、わたしたちはその裁判に勝利した。次の裁判も、その次の裁判も勝利した。わたしにとって、これは想像だにしていない出来事だった。刑事裁判にすらしてもらえなかった自分の身の上を考えながら、「裁判というのはこんなにも勝てるものなのだろうか」と不思議に思っていると、ある日、弁護士が言った。

「裁判官も人だからね。君がしっかりとした文章を書いてくれたから、説得されたんだよ」

それを聞いた時、心のなかを静かな衝撃が走り抜けた。音のなかった心の水面に、ざわめきが広がっていくようだった。裁判というのは、言葉の闘いなのだ。ライティングの技術も必要だが、それだけではない。事実に基づいた言葉であることと、伝えたいという熱意、そして正義を信じる姿勢が貫かれていることが必要なのだ。それらが紙の向こうにいる人の心を動かす。心が動けば人の判断は変わる。判断は正義のありかを明らかにし、受け取る人の人生を変える。こうした実務の積み重ねと法律の条文とがお互いを支え合っている。社会の正義とわたしの正気が共鳴した瞬間だった。

法律事務所での仕事を、わたしは三年間続けた。自信を取り戻す一方で、法律の冷たい言葉を聞く機会も多かった。こうした環境は、ピアサポートグループの重要性を以前よりも高めた。グループでファシリテーター（進行役）を務めるようになったのも、ちょうどこの頃だった。

不思議なことに、わたしたちのなかには、グループで輪になって話す時、新聞紙が風に舞って一枚一枚バラバラになった時のような精神状態になる人はほとんどいなかった。「本当によく今日まで生きてきたね」と思うような経験をした人が、非常に明晰《せき》な精神状態を保ちながら、心のなかの不発弾について語り切る。その姿は感動的だ。人間のこんな姿を、通常の社会のなかで目にすることはないだろう。

一方、グループの時間が終わって通常の世界へと帰っていく時に、わたしたちの精神はバラバラになってしまいがちになる。この事実は、そのままふたつの世界の距離《きょり》を表していた。隔《へだ》てているのは社会、そして法律だった。わたしはふたつの世界を行き来しながら、この違和感や驚きを大事にとっておこうと考えた。こうした違和感のなかにこそ、刑法改正のヒントが隠されているはずだから。

一般人とは誰なのか

こうしてとっておいた違和感コレクションのなかで、最も注目すべきアイテムは、もしかすると「一般人の感覚で」という言い回しかもしれない。

裁判所に提出する書面で、この言葉をよく目にした。最初、わたしは「一般人」というのは一体誰のことかと悩んだが、どうやら明確な定義はないようだった。「法律の専門的な知識がないものの、割と正常な判断をできる成人（とりわけ男性）」くらいの意味だと思っている。近い表現で「自然人」「私人」という法律用語があり、ほとんどこれらと同じような使われ方をしていると感じる。正確かつ明確な表現にこだわるはずの法律の専門家が、この「一般人の感覚で」という曖昧《あいまい》な表現を多用しているのはなぜだろうと思った。裁判所に提出する長い書面を整え、一番最後に「いろいろ書いたけれども、つまり一般人の感覚としてこうですよね」と書くと裁判に勝ててしまう、という光景を何回も目撃した。裁判の手前の交渉《こうしょう》でも同じだった。もちろん、それで毎回必ず勝つということではないし、意識してそうしているわけではないのだと思う。

法律家が「一般人の感覚で」に弱いのは、なぜなのだろうか。文章を読むと、書いた人の心理状態がわかってしまうことがある。たとえば、「男は」とか「普通は」とか「一般的に」といった形で主語を大きく言う人というのは、自信がない人だ。さらに、大きな主語で納得してしまう人というのも、やっぱり自信がなく焦っている人だと感じる。たぶん、法律家が「一般人の感覚で」と口にするのは、自信がない時なのではないか。

二〇二一年、法制審議会の第三回会議では、「一般人」という言葉が計一〇回使用された。この日は暴行・脅迫要件が検討されていた。性暴力を性犯罪として裁くかどうかは、「一般人から見て拒絶《きょぜつ》可能な状況だったかどうか」に基づいて判断されるべきだ、という論が展開されていたのである。

法律家たちによるこうした議論を、被害者心理の専門家は次のように皮肉った。

「一般人から見た判断というのをしなければならないというのは、当然のことだと思うのですけれども、性暴力の被害に遭った人がどういう状態なのかということを考えていただきたく思っております」

定義が曖昧な「一般人」という言葉、この便利な言葉が持つ差別性が露《あら》わになった瞬間だった。「あなたたち法律の専門家の使う一般人という言葉のなかには、性暴力被害者の方たちは入っていませんね？」というこの問いかけは、法律の専門家たちに衝撃を与えたらしい。これ以降、法制審議会において、法律の専門家たちは「一般人の感覚で」という言葉遣いを一切使用しなくなったからだ。

ギャップを埋める努力をすべきなのは被害者ではない

すでに書いた通り、わたしたち性暴力被害者の受けた傷やトラウマというのは、通常の感覚のなかで語れるものではない。そんなことをすれば、わたしたちの精神はバラバラになってしまうだろう。「一般人にわかるように説明してほしい」とか「一般人の感覚で説明できない罪は罪にならない」と言って脅されても、ある日突然説明できるようになりはしない。そこにはギャップがあるのだ。それは、わたしたちが一般人ではないからではない。誰だって、性暴力に遭えばギャップを抱え、失語症になってしまったように感じるということなのだ。

忘れないでほしいのは、そもそもこのギャップをもたらしたのは加害者だということだ。性暴力は、性暴力だけが突然「パッ」と起こるのではない。その前段階として、加害者は通常の感覚の外に被害者を閉じ込める。もう少し具体的に言うと、加害者は、通常の感覚のなかに突然暴力を挟《はさ》み込むことによって、または作為的に通常の感覚を奪っていくことによって、性暴力を働く。自分の力だけが及ぶ空間をつくり出し、世界をふたつに分けるのである。暴力の最中や後には、この二重性によって性暴力を隠ぺいし、何事もなかったように見せかけるし、取り乱す被害者を利用してその信用を失墜《しっつい》させもする。だからわたしたち被害者は、そのことについて語ろうとすると声が出なくなったり、全身が震えだしたり、話があちらこちらへ飛ぶように見えたり（本人にとっては飛躍《ひやく》ではなく、文脈があって関連している場合が多い）、解離してしまったりする。

ガヤトリ・スピヴァクは、社会のなかでマイノリティの位置に置かれた人々は自分の言葉や文脈を社会に届けることができないと書いた。では、性暴力被害者が自分の受けた被害を一般人の感覚で説明できないとして、説明できない暴力は、存在しないのだろうか？　そんなはずはないということくらいは「一般人の感覚」でも理解できるはずだ。そして、このギャップを埋める努力をすべきなのは被害者ではない、ということも。

10 「You have very bad law」

——ロビイングと分断の痛み

一一〇年ぶりの大改正

わたしが違和感コレクションを増やしている間に、刑法に地殻《かく》変動が起きつつあった。ほとんどのニュースや情報をシャットアウトしながら、ピアサポートグループと法律事務所を行ったりきたりすることに集中していたわたしだったが、ある日、帰宅した夫から驚きのニュースを聞かされた。

「あ、刑法が変わるんだってね。よかったね」

それは寝耳に水の情報だった。

二〇一七年六月一六日、刑法の改正案が可決成立した。これにより、性犯罪規定は一一〇年ぶりに改正され、刑法一七七条強姦罪は、強制性交等罪と名前を変えた。男性も被害者になることができるという画期的な改正だった。またこれを機に性犯罪は親告罪ではなくなり、親などの監護《かんご》者による子どもへの性的虐待が厳罰化された。動かなかった時代がついに動き始めていた。しかし、肝心《かんじん》の暴行・脅迫要件の見直しは見送られたことを知った。土のなかから甦《よみが》った死者が再び土に埋められた時のような感覚に陥ったが、救いがないわけではなかった。今回の改正には議論に不足があるとして、「三年をめどに検討を加え、所要の措置《そち》を講ずる」とされたのである。

まさに今、暴行・脅迫要件についての議論が始まろうとしている。そうした時代の動きを感じるのは嬉しくもあり、他方で気持ちが焦ることでもあった。今は自分にとって、治療を何よりも優先しなければならない時期だった。でも治療に取り組む間にも社会の状況は刻々と変化していく。議論に参加したい。そのために生き残ったのだから。そう考えると、ナイフの刃よりも狭い尾根《おね》の上を歩いているような気持になる。

思い悩んでいるところへ、ピアサポートグループで知り合った性暴力被害者の山本潤さんに誘われた。

「もう一度ちゃんと刑法を変えるために、被害者のチームをつくらない？」

わたしは頷いた。

当事者の団体を立ち上げる

二〇一七年八月、全国紙の一面に、お披露目会《ひろめ》の告知が掲載された。

「法律を変えて、人生を変えよう！」

一〇人ほどの性暴力被害者が集まり、刑法の歴史を変えていくことになる団体・一般社団法人 Spring を立ち上げた。

お披露目当日、東京の文京区男女平等センターには、見物人とメディア関係者が会場に入りきらないほど駆けつけた。異様な緊張感と熱気が会場を包んでいた。わたしは最前列でタイムキーパーを務めていたのだが、立ち見が出ているにもかかわらず、なぜか隣の席は「reserved」のままずっと空いていた。

そこへ一人の女性がまっすぐに歩いてきて腰かけた。ジャーナリストの伊藤詩織さんだった。詩織さんはこの年の五月に会見を開き、自身の性暴力被害を訴えて世界から注目を浴びている人だった。

当時、彼女が浴びていたのはウェルカムなまなざしだけでなかった。世間の好奇の目はいつも彼女を傷つけようと狙《ねら》っていた。たとえば、被害を訴える会見の際に詩織さんが「被害者らしくない服装」をしていたという、意見と言えないような意見を言う人がいた。わたしを含めて、これまで「ごとき」「値しない」の精神にさらされてきた日本人のなかには、こうしたバッシングに耐えられる人はほとんどいないように思われた。しかし、一〇代から二〇代をアメリカで過ごしたという詩織さんは、グローバルな感覚を身につけており、こうしたバッシングに対してもごくまっとうに対応した。そのことが日本社会を驚かせていた。

「こんにちは」

背筋を伸ばして微笑む彼女がまぶしかった。

お披露目会の後、詩織さんは「皆さんのお話を聞きたいです」と言った。同席したメンバーがひとりずつ自分の体験を語っていくのを、詩織さんが同行の英国人に対して、流ちょうな英語でシェアしていく。その姿を見守りながら、わたしは緊張していた。ピアサポートグループ以外の場所で自分の経験を落ち着いて語ることができる自信が全くなかったからだ。

頭のなかには、「ジャーナリストは当事者（取材される側）になってはいけない」という職業的規範の名残がある一方で、ノンフィクション賞にチャレンジできなかったことを恥じている自分がいた。恥の塊を抱えている頭のなかの自分は、再び被害者となってしまって負けたような気持ちになっているわたしのことを、頭の外へと押し出そうとしていた。

「当事者のお前がきたせいで、わたしは言葉を失った！」

と言って怒り狂い、

「当事者であることを振りかざすなんて、恥を知れ」

と考えていた。そうして、未熟な語りしか手に入れられていない被害者のわたしを小馬鹿にしているのだった。

他方で当事者のわたしは、怒り狂うジャーナリストのわたしに対して、返す言葉を持っていなかった。黙々とピアサポートグループに通い続け、事件から五年をかけて、ようやく、

「わたしは性暴力に遭ったが、それは仕事相手からの性暴力だった」

というぼんやりとした語りしか手に入れることしかできていなかった。その仕事というのが取材中だったということは、まだ一度も語ることができていなかった。

トラウマからの回復というのは、こんな風に、信じられないほどゆっくりとしか進

まない。こんなカタツムリの歩みのような言葉で刑法を改正できるのだろうかと考えると、消え入りそうな気持ちになった。それでもこの時は、詩織さんに対してなら語れるかもしれないという気持ちが湧き上がるのを感じた。

She is brave.

ついにわたしの番がやってくると、わたしの口からは、自然に語りがあふれた。あの日、ジャーナリストとしての自分が壊されたこと、キャリアをすべて失ったこと、N検事とのディスカッション、そして、録音していた音声の文字起こしをして記憶を失った出来事を語った。

詩織さんの目から大粒《つぶ》の涙が零れ落ちた。わたしは驚き、動揺した。なぜかというと、詩織さんは自身の事件の記者会見をする際にも、カメラの前では一度も涙を見せたことがなかったからだ。その毅然とした姿は、わたしにとって、どこかユパを思い出させるものだった。でも彼女の涙を見た時、改めて感じたのは、バッシングに対して毅然と対応をすることができるからといって、傷ついていないということでは少しもないということだった。傷つきを抱えながらも背筋を伸ばしていること。それこそが、本当の強さなのだ。

頰を零れ落ちる涙を両手で拭《ふ》きとりながら、詩織さんはわたしに語り掛けた。

「鮎美さんは、それをやったんですね。それがどれだけtough（過酷）な作業か、わたしにはわかります」

そして同行者に対して、低い声で「She is brave.（勇敢な人ね）」と言った。同行者は、詩織さんと目を合わせて頷き合った。その一連の様子を見ているうちに、わたしはお腹の底から、大きな力が湧き起こってくるのを感じた。

わたしたちはその日、輪になって未来のビジョンについて語り合い、冗談にお腹を抱えて笑った。性暴力被害者は笑うことなどないと思う人がいるかもしれないけれど、笑うし、仲間と笑えば心からの自由を感じることができた。

「社会を変えよう」

わたしたちは、ハイタッチで別れた。

南アフリカからきた女性

目まぐるしい日々が始まった。わたしたちは弾丸のように霞《かすみ》が関を跳び回り、政治家や官僚《りょう》に次々と面会し、性暴力の実態を伝え続けた。外務省から声をかけられ、国際会議にも参加した。

二〇一七年一一月の国際女性会議WAW!では、国際協力NGOジョイセフやJICAと並んでブース出展し、各国からの来賓《らいひん》に日本の刑法と性暴力被害の現状を伝えた。ユパを失った後に国連職員をめざしていた頃、英語に打ち込んだ経験が、この時活きた。

ブースの前で足を止めた黒人の女性に、わたしは話しかけた。

「わたしたちは性暴力のサバイバーです」

すると彼女は口をあんぐりと開けて、「腰が抜けた」というようなジェスチャーをした。

「あああなたたち、サバイバーなの!? 全員!?」

「そうです。日本で初めてサバイバーが自ら立ち上げた団体なんです」

「オーマイガッ」

「わたしたち、刑法を変えたいんです」

すると、彼女はハンドバッグを取り落としそうになりながら、両手で口を押えて、

「I know……!（思い出したわ）」と小さく叫んだ。そして、わたしの顔の鼻に触れそうな場所で、人差し指をぶんぶん振り回しながら言った。

「Japan, you have very, very bad law……!（あなたたち日本人は、とってもひどい刑法を持っているのよね）」

彼女が言っているのは暴行・脅迫要件のことだった。

「応援する!」

彼女はわたしをハグした。それは思ってもみないほどに温かいハグだった。

南アフリカ共和国からやってきたという聡明《そうめい》そうなその女性を見送りながら、複雑な気持ちで立ち尽くしていた。薄々感じていたことを、この時はっきりと理解したからだ。国連で働きたいと思った時も、ノンフィクションライターになりたいと思った時も、わたしはいつも「助けたい」と思ってきた。日本に生まれた自分のことを、無意識のうちに助ける側だと思い込んでいたからだ。でもそれは逆だった。性暴力に関しては、日本はむしろ国際社会から「助けられる」側にいる。黒柳徹子さんの『トットちゃんとトットちゃんたち』を読んで「助けたい」と思いながら育ったわたしにとっては、これは衝撃的な発見だった。

君は被害者ではない

国際会議で感じた温かさとは対照的に、霞が関では、凍りつくような違和感を抱くことの方が多かった。わたしが最初に地位・関係性という言葉の使い方に疑問を覚えたのも、ロビイングをしている時のことだった。

わたしにだけ聞こえる距離と声の大きさで、

「君は成人してから被害に遭っていて、不起訴となったのだから、被害者ではないよね」

という言葉を投げかけた官僚がいた。その人は、眼鏡の向こうから「君のような怪しい人物が何でこの場にいるのか」と言いたげなまなざしをこちらに向けていた。

「性犯罪に関して地位・関係性という言葉を使う時は、定義の外延を明確にする必要がある。でなければ、本来罰すべきではない事案までをも罰することになりますからね」

どうやらその人は、地位・関係性という言葉を「親などによる子への性的虐待」という状況に限定して使いたいと考えているようだった。わたしはその場に崩れ落ちそうな衝撃をこらえ、家に帰ってから泣き崩れた。同じ被害者同士を比べて「お前は被害者ではない」と線引きをし、分断してくる態度に、凍《い》てつくような恐怖を感じた。

ロビイングに参加する被害者にはさまざまな背景を持つ人がいた。なかでも成人になってから被害に遭ったという人は、ロビイングの場ではマイノリティだった。

マイノリティという言葉にはふたつの意味がある。ひとつは数の少なさ、もうひとつは社会的力関係が劣後《れつご》しているという意味である。

まず、成人してからの被害について語れるメンバーは圧倒的に少なかった。被害から時間が経っていないからかもしれない。わたし自身も、当時は被害に遭ってから五年足らずでロビイングに参加しており、その場に同席しているのがやっとという状態だった。これがひとつ目のマイノリティ性だ。

もうひとつのマイノリティ性について語ることは、今でもわたしを非常に惨めな気持ちにさせる。ロビイングの場に立つ時、わたしはいつも、まるで自分は幼少期の被害者の引き立て役のようだと感じていたのだった。

わたしの頭のなかでは、一八歳のわたしとジャーナリストのわたしが日常的に議論をしていた。たとえば「家の内と外ではどちらがより性暴力に遭いやすいか」とか「知らない人と知っている人とではどちらが危険か」といったトピックをめぐって、意見は噛《か》み合わなかった。でも「どちらの方がより辛かったか」で喧嘩をしたことなど一度もなかった。被害者の経験したことは、被害の数だけ違っていて当たり前だし、そのことによって分断されたり分類されたりするのは本来おかしなことだからだ。

ロビイングに出向く先々で、被害者が弱い存在としてパッケージングされることに対しても、息苦しさを感じるようになっていった。性暴力は誰もが遭う可能性のある犯罪なのに、「もともとそういう暴力に遭う運命にあった人」として線を引かれているように感じたからだ。自分が弱い存在のなかのもっとも顧《かえり》みられない存在になってしまったようで、体がどんどん重くなっていくような感じがした。

もちろん、引き立て役のようだとか、顧みられない存在だと感じさせるのは、「君を信用することはできない」などと言ったり、接する態度に差をつけたりして、わたしたちを分断しようとしてくる人たちだとわかっていた。さらに惨めな瞬間は別にあった。自分の惨めさを幼少期に被害に遭ったメンバーに打ち明けることができないと思う瞬間だった。打ち明けることにより、

「あなたよりもわたしの方が辛かったのだから、差をつけられるのは当然だ」

と言われることを、わたしは何よりも恐れていた。

もっと広い世界まで歩いていきたい

この頃、わたしはよく夢を見た。小学生のわたしとユパは、山を越えて海を見に行こうと出かけるのだが、アップダウンの激しい山道で、ユパが転んで膝小僧を激しくすりむいてしまう。流れ出す血を止血しながら、わたしは山道を引き返そうと考える。するとユパが言うのだ。

「海を見に行こうよ。アユが血を止めてくれたから、ほら、わたしはもう自分の足で歩けるようになった」

そう言って、ひょこひょこ足を引きずりながらユパが歩き出す。わたしは迷いながらも彼女の後をついていく。行けども行けども、海はまだ見えない。それでもユパは言うのだ。

「諦めるのは嫌だよ。わたしは、もっと広い世界を見たい。ふたりならこの先まで歩いて行けるよ」

そう言って振り返る時、ユパの長い髪の毛は風で広がり、彼女の表情を隠してしまう。その時、わたしは自分の髪の毛もまた長いままであることに気がつくのだ。そして、ああそうか、わたしたちはまだ生きているのだと、安堵する。そこでいつも目が覚めるのだった。

被害者を分断する言葉

ロビイングではいろいろな人と名刺交換をする。そのなかの誰かから、孤独感につけ入るようなメッセージがしばしば届いた。

「これは親切心から言うのですが」

から始まるメッセージ。それは、たとえばこんな内容だった。

「こんにちは。幼少期の性虐待を生き延びた被害者の皆さん、いつも応援していいます。ところで、あなたたちのチラシを読みましたが、法的に間違ったことが書かれていました。とくに暴行・脅迫要件の部分は誤解を与えるので、今のうちに、チラシをすべて回収した方がいいと思います。じゃないと、あなたたちまで嘘《うそ》つき呼ばわりされてしまいますよ」

慣れてくると、これは分断工作だなという勘《かん》が働くようになる。このメッセージの意味するところは、チームのなかに、幼少期に被害に遭ったメンバー「以外の」嘘つきがいるというものだからだ。そもそも「現在の」法律に整備されていない内容を整備してほしいというチラシについて、間違っているとかいないとか言うのはおかしな話だ。しかし、このようなメールが届くと、何人か激しく動揺するメンバーがいた。

そしてある日、ついに面と向かって告げられた。

「お願いがあるの。刑法改正の要求事項から、暴行・脅迫要件を外したい。だって、きっと受け入れられないから。受け入れられなくて、悲しむ鮎美さんを見たくない」

それはわたしが最も恐れていた分断の言葉だった。

性暴力被害者であるといっても、わたしたちは皆、普通の力量の人間だ。特別に強くできているわけではないし、トラウマを抱えたからといって成人君主になるわけでもない。性暴力被害者も差別をしてしまうことはあるし、差別をされれば人並みに傷つく。

文章でそれを表現したらいいじゃないか

夢の内容はどんどん残酷になっていった。

わたしとユパが海を目指していると、背後からわたしたちを呼ぶ集落の大人たちの声が聞こえてくる。そしてわたしは風のなかに、

「物言えば唇《くちびる》寒し」

という言葉を聴く。

それは幼い頃に母が呟いた言葉だった。わたしはその言葉の纏《まと》う独特の寂しさを、ずっと忘れられないでいた。言葉の砂漠は、人を黙らせ追い詰める。そうした社会環

境の下では、まず大人たちが意見を言わなくなり、次に子どもたちが意見を言わなくなる。そして最後にユパが殺された。ただひとり、ユパだけが屈しなかったからだ。

目が覚めると思った。

「そして日本の真ん中の霞が関で、わたしは再び黙ることを求められている」

わたしはノイローゼになった人のように、家のなかを苛々と歩き回った。そんなお母さんの姿を、幼い娘たちが不思議そうに見つめていた。

「活動を休んだ方がいいんじゃないかな」

見かねて声をかけてくれた夫の言葉に、わたしの精神は一挙に限界を迎えた。泣き崩れ、気づくと失禁してしまっていた。自分の力では立ち上がることができなかった。こんな弱い自分が嫌で嫌でたまらなかった。

その場に突っ伏《つぶ》してむせび泣いていると、子どもたちがヨチヨチと傍にやってきて、お風呂場へと連れていこうとするのだった。お母さんがお漏《も》らしをして泣いていると思ったのかもしれない。そのままわたしたち三人は服を着たまま一緒にお風呂に入った。湯船のなかでも呆然《ぼうぜん》と泣き続けるわたしの頭を、一歳と二歳の娘たちが両側からヨシヨシし、石鹼《けん》を使って勝手に髪を洗いはじめる。しかし乾いた髪に泡《あわ》の水分が奪われて、わたしの髪はあっという間にベタベタな状態になってしまった。わたしたちは何のために、三人そろって服を着たまま湯船につかっているのか。なぜ乾いた髪に両脇から石鹸を擦《す》り込まれているのか。滅茶苦茶なシチュエーションだった。それでも子どもたちは無邪気にキャッキャとはしゃいで水遊びを楽しんでいる。涙が止まらなかった。鼻水で、息もできなかった。

「助けて……、苦しくて、たまらない……」

かすれる声で、そう言葉にするのが精いっぱいだった。家族のことが愛おしくてたまらなかった。それなのに、わたしは家族を幸せにできていない。わたしの命と引き換えにすれば刑法が変わってくれるのなら死んでもいいという魔物のような気持ちを、どうすることもできなかった。

夫が言った。

「これ以上傷ついてほしくないんだ。何事も向き不向きがあるんだよ。君は人一倍言葉に敏感で、文章を書くことのために生まれてきたような人なんだから、何もロビイングなんかしなくても、文章でそれを表現したらいいじゃないか。それだって、ひとつの勇気の在り方だと僕は思うよ」

それを聞いて、そうだ、わたしはロビイングに向いていないんだと、素直に感じた。加えて、初めて真正面から、いつまでも言葉から逃げているなよと言われたような気がした。でも、言葉に向き合うことはやっぱりまだ怖かった。

「でも……そんなことが、言葉を怖がっているわたしに、できるだろうか」

夫は頷いて「君にしかできないことだよ」と言った。

わたしはこれを機に、ロビイングに係るすべての活動から身を引くことを決めた。

11 「性被害ってこんなにたくさんあるのか」

――言葉で社会を変えていく

性暴力被害者であることを隠したくない

同じ頃、Springではメールマガジンを始めようという動きがあった。刑法改正を応援してくれる方に読んでもらうためのものだ。わたしはひとりの性暴力被害者として、団体の外側から、このメールマガジンに文章を寄稿《きこう》させてほしいとお願いした。「わたしは文章を書くことしか能がない人間だから、精一杯書きます」

そう宣言したものの、わかっていたのは、仲間を分断しない言葉を見つけたいということだけで、書くべき言葉がはっきりと見えていたわけではなかった。

わたしは書くための環境を整えることにした。法律事務所の仕事を辞めることにしたのである。法律の冷たい言葉に接しながら、もしもこの職場で「性暴力被害者です」と言葉にすれば、必ず傷つけられるだろうと感じていた。沈黙《ちんもく》は心を蝕《むしば》む。最初のうちは、「別に隠して生きてきているわけではない」とか「機会があれば言うかもしれないけれども、その機会がないから言わないだけだ」と自分に言い聞かせていた。しかし、その機会はいつまでもやってこなかった。心のなかでは、「性暴力被害者です」と名乗ることで不適切な人だと見られることを恐れていたし、根拠なく解雇されるかもしれないと気後れしてもいた。

そんな自分が嫌いだった。政治家に対しては「性暴力の責任は自分にはない」と言いながら、まるで自ら責任を背負い込むような生き方をしている自分のことが。もっとあっけらかんと「性暴力被害者です」と言葉にしたい。そのうえで、なんともないような顔をして、社会の一部として、役割と責任を果たしながら存在していたい。それに、そういう状態でいなければ、仲間を分断しない言葉など書くことはできないだろう。

下からのロビイング

とはいえ、どうすれば性暴力被害者として働けるのか、さっぱりわからなかった。いい方法が思い浮かばなかったので、わたしは一切を隠さないことにした。自分が企業の採用担当者だったら知りたいと思いそうなことを、先に知らせることにしたのである。履歴《りれき》書に、障がい名と、主な症状、症状をコントロールするために自分なりに気をつけていることと、働くにあたって、できれば配慮してもらいたいことを書き添えた。

そして最後に、次のように書いた。

「わたしの受けた被害と障がいについて、知ってもらったうえで信頼関係を築きたい。そうすればわたしは、ある程度のパフォーマンスを発揮できます」

その紙を配りながら、就職説明会の会場を歩き回り、いくつかの企業の担当者と話をした。

気をつけていたのは、後ろめたそうに話さないこと。つまり、この障がいがわたし自身のなかにあるというような話し方をしないことだった。病んでいるのはわたしではなく社会だという信念、それを貫きたいと考えていた。

真正面から、なるべく落ち着いた調子で伝えた。

「わたしの障がいは自分ひとりでは治せないもので、むしろ企業さんと一緒に取り組むことで、安心感が生まれ、治療が進みます。これまで、わたしなりにさまざまな治療を試して、自分なりに対処しようとしてきました。コツも少しつかめてきた気がしています。今ではこのくらいの頻度で通院をしていて、だいぶ症状も落ち着いてきました。あとはわたしの治療を理解してくれる環境があれば、健康を維持しながら、充分《じゅうぶん》お役に立つことができるはずです」

当時は今よりも、ＰＴＳＤという障がいについてよく知らないという担当者が多かった。だからこそ、仕事中に性被害に遭い治療を続けてきたことを隠さずに伝えた。こんなオープンな態度の被害者を初めて見たと驚く人や、事件の詳細について無遠慮に質問をしてくる人、さまざまな反応があった。答えるのが苦しい時には、素直に「無理をしたくないので」と伝え、話すのを断った。

以前のわたしならば、それで選ばれなかったらどうしようと考えたかもしれない。でもこの時は、企業がわたしを選ぶのではなく、わたしが企業を選ぼうと考えていた。

「この人は最先端のことをしている人だ」と気がつかない企業に入社しても、こちらが苦労をするだけだし、素直にふるまった結果選ばれないのなら別に構わないと考えていた。そういう企業は、現時点では、きっとどんな天才が面接に行っても、被害者であるという理由で被害者を落とすのだろう。でもそういう企業にも、いつか変わらねばならない時は必ずくる。だから現時点で性暴力について理解できないとしても、わたしが被害についてカミングアウトをしながら「働きたい」とまっすぐ伝えることにはメリットがあると思った。一年後には考えを変えて、被害者を採用するようになるかもしれない。それで充分だと思った。

目を見て、静かに語りかけ続けた。取材ができなくなったからといって、社会や人間への興味を失ったわけではないこと。障がい者になったからといって社会を憎んでいるわけではないこと。むしろ社会を大切に思うからこそ、よりよく変わってほしいと思っていること。仕事を通じて、そのお手伝いをしたいこと。ロビイングのように、遠く離れた人や雲の上のような人ではなくて、仕事を通じて自分と実際に関係してくれる人とこそ協力し合い、わかり合いたいこと。

「これは下からのロビイングだ」

わたしは自分に言い聞かせた。

腫《は》れ物に触らない日本のメディア

あまりに予想外のことが起き続けたために、いい意味で、わたしは人生を使った実験をすることに慣れてしまったのかもしれない。それでも残念ながら、日本企業、とりわけメディア企業からの対応のひどさには驚いた。「〇日以内に、合否の結果を必ずお知らせします」とホームページに書いている企業でさえも、何の連絡もよこさないケースが半数近くあった。

返事をくれなかった新聞社の知り合いにこのことを相談すると、

「たぶん『この方、どうしましょうね？』と考えているうちに他の仕事に流されてしまったのだろう。でも、それでは全然だめだね」

と申し訳なさそうに言う。

障がい者雇用を始めなければならないということで募集をしてみたけれど、実際に応募がきてみるとどのように対応すべきかがわからず、そのまま結局対応自体をしないということだったのではないかと想像した。でも、すべての障がい者に対してそんな対応をしているなんてことはあり得ない。わたしからの応募について判断に迷う理由は、ひとつしか考えられなかった。わたしが性暴力被害者であることを明記したことだ。その頃、新聞社では、性暴力について記事にするのは、容疑が固まった時（警察が身柄《みがら》を拘束《こうそく》した時）、警察が検察に送検をした時、検察が起訴した時、判決が出た時と相場が決まっていた。それ以外は事実について争いがある、つまり事実ではないかもしれないと考え、事実だけを伝える記事にもしない。そういう業界なので、社として、性暴力に対する態度を表明することから逃げたのだと感じた。そこで「お返事がほしい」と催促《さいそく》をしてみたのだが、梨《なし》のつぶてだった。

　別の新聞社では、もっとひどい目に遭った。内定をもらい、職場体験にきてくださいと言うので行ってみると、窓のない倉庫に連れていかれた。

「ここで三日間、封筒《ふうとう》折りの仕事をしてみましょう」

　仕事中は私語禁止、休憩《けい》中もプライベートな話題は禁止だと言い渡された。咳《せき》をしているのにのど飴《あめ》をなめることも許されなかった。椅子から立ち上がる際には挙手をして許可を得なければいけなかったし、仕事の始めと終わりに大声で自分の体調を報告することが義務づけられていた。終始、小さい子に対するように話しかけられるのも嫌だった。

　実は、わたしは前もって症状に対処する方法を申告していた。そのうえで「障がいには配慮します」と言うから職場体験へ行ったのに、実際にはフラッシュバックが起きても対処をすることが許されなかった。体調の悪化に切羽《せっぱ》詰まってしまい、薬を取り出そうと立ち上がったところ「ルールを守りなさい」と叱責された。今思い出しても非常に気分が悪くなる出来事だ。

最終的に、

「すべての障がい者はどんなに頑張っても三年で雇止《やとい》めとなっています」

と言い渡されたので、

「それは差別だと思います」

と伝え、こちらからお断りした。

書くための環境が整う

よい出会いもあった。いくつかの企業が、

「あなたを採用したい。あなたのことを理解したい。あなたのことをもっと教えてください」

と言ってくれたのである。ただ、そのようなレスポンスをくれたのは、判で押したように外資系のバックグランドを持つ企業ばかりだった。

ドイツで暮らした経験のある仲間・岩田美佐さんの言葉を思い出した。

「わたしがドイツで暴漢に襲われそうになった時、職場の同僚たちはすごく心配してくれた。『Misa，どうしてる？　ちゃんと食べているか？　何かできることがあったら言ってくれ』と、何人もの人が電話をかけてきてくれた。すごく親身に相談に乗ってくれた。何だろうこのすごい気遣いはと思って、それだけで少し元気になれた。日本では、こんなことは絶対にありえないことだよね」

彼女の言葉に、ヨーロッパの肌感覚を感じた。おそらく欧米ではすでに、性暴力を受けたことをカミングアウトしながら働くことや、治療を受けるのと並行して働くことは、日常風景の一部になっているのだろう。多くの大人にとっては、被害に遭ったとカミングアウトをされた時には、その同僚をサポートすることがごく自然なことなのだろう。

このようにしてわたしは、性暴力被害者であることを隠さずに働ける場所に出会うことができた。言葉の砂漠にはもう掴まらない。ようやく、書くための環境が整ったと感じた。

社会を治療する

真っ白なノートに向かった時、内臓が震えるのを感じた。わたしは一本のペンで、日本の法律の歴史に盾突こうとしている。これがどれだけ大変な作業かを、体は理解しているようだった。

頭のなかに、マララ・ユスフザイさんが国連で行った有名な演説が浮かんだ。

「One pen can change the world.（1本のペンが、世界を変える）」

その通りのことが起こるといいと思った。性暴力被害者が書く一本のコラムが女性や少女の日常を変えていくことを想像し、わたしの気持ちは鼓舞《こぶ》された。絶対にやり遂げようと思った。

これまでの出来事を順番に思い浮かべた。何回かの性暴力。そのたびごとに自分という人間が焼き尽くされて灰になってしまったような感じがしたこと。ゼロになった自分自身を抱えて、のたうち回った日々。そして、グラウンド・ゼロの上に自分という人間を建て直してきたこと。渦《うず》巻く感情に耳を澄まし、慎重に言葉を探した。書くべき言葉ではなく、今度こそ書きたい言葉を書こうと自分に言い聞かせた。

そうして書き上げた最初のコラムは、「社会を治療する」というタイトルだった。

性暴力に遭うたびに、わたしたちは
「あなたも悪かった」という扱いを受けてきました。
トラウマの症状が出ると
「治しましょう」
「早く治してね」
と言われてきました。
けれど、それは間違っています。

では、性暴力という「病気」は、どこにあるのか？
「治療」という言葉が
病気やけがを治すことを意味するのであれば
「治療」されるべきは
わたしたちではなく、社会です。
わたしたち性暴力被害者は社会の一部であり
自分の生き方を決める力を持っています。
（二〇一八年四月一〇日発行「すぷだより」No. 〇〇三『社会を治療する』より抜粋《ばっすい》）

これまで長い間考え抜いてきたことを言葉にした。それは借り物ではない、自分自身のなかから出てきた言葉だった。

新しい当たり前をつくるために

命がけだった日々の想いを呼び寄せて文字にすることは、ナイフを素手でつかむような痛みを伴《ともな》う。寄稿する回数を重ねても、その痛みに慣れるということはなかった。パソコンを買うお金がなかったので、ノートに手書きで何回も何回も書いた。それを携帯で打ち込み、インターネットカフェから送る。涙と鼻水で息ができなくなりつつも、ギリギリの精神状態でペンを握り続けた。

自分の気持ちに自信が持てたわけではなかった。ただ、同じような気持ちを経験している被害者はわたしだけではない、と知っていた。加害者がわたしを「お前が悪いんだろ」と言って一蹴した時のような、そういう想いをしている被害者たちが日本には溢れている。身近な人からそういう言葉を投げかけられて傷ついている人がとても多い。彼女たちがペンを握ろうとするならば、わたしは彼女たちに迷わず言うだろう。当事者にとっては、まずは一〇〇％自分のために書くということが絶対に必要だと。

もちろん、独りよがりなものだと思われ、読む人すべてにはフィットしないかもしれない。けれども、「何だこの変人は」と思われながらも一年、二年と書き続ける当事者が一人でもいなければ、時代は変わらないだろう。わたしが机にかじりついている間に、いつしか当事者が自分のために書くということが当たり前のことになればいい。そのうち、もっとしなやかに気持ちを語る当事者が幾人も現れ、「鮎美さんの文章はもう古い」と言われ始める。そこまでやって忘れ去られるのなら、本望だと思った。わたしの瞼の裏には、あの日思い描いた、雪原に飛び出していく勇敢な姿のわたしがいた。


七本目のコラムを書いた時、Springの広報チームの三浦ゆえさんから、一本のメールを受け取った。

「鮎美さん、今後も、書きたいと思っているかぎり書きつづけていただけませんか？」

その言葉を目にした瞬間、湧き上がる嗚咽《おえつ》を抑えきれなかった。

「今回の決定は、新しく入ってきたメンバーの方の意見によるところが大きかったです。それまでは一読者としてメールマガジンを読んでくれていた人たちから『メンバーが書いているから読んでいたんじゃなくて、ただ、この人が書く文章に共感したり考えさせられたりするから読んでいた』というような声が上がりました。わたしは、これは本質的な指摘《てき》だと思いましたし、ちゃんと届く人に届いていたんだなぁと嬉しくなりました。なので、これまでどおり、鮎美さんの思うところをしたためてほしいのです」

長い間緊張していた心がほぐれていくのを感じた。そして書き手として、生まれて初めて、偽《いつわ》りない自分自身の言葉を受け取ってもらうことができたことに気がついた。喜びが爆発した。

同時に、責任も感じた。わたしの言葉を読んだ新しい人たちが運動に参加し、ロビイングに身を投じている。ロビイングは言葉の闘いだ。疑心暗鬼《ぎしんあんき》になることの連続だし、常に分断され続ける場に身を置くことは、あまりに過酷だ。彼女たちを支える言葉を書きたい。そして、今この瞬間も暗闇にいてひとり苦しんでいる当事者、そのひとりひとりと手をつなぐことができるような言葉を書きたいと、身が引き締まる思いを抱いた。

性暴力は個人的なトラブルではない

それから五年間、性暴力被害者のためのメールマガジンは一度も途切れることなく、刑法改正を願う人々に届けられている。

コラムを書いていて、さまざまなことに気づかされた。身近な人の言葉から出発して、加害者の言い分や、社会の言葉のなかにある論点のすり替えに気がつくことも多かった。

たとえば、わたし自身も、知人たちに投げかけられた次のような言葉を忘れられずにいた。

「もう大人でしょ? 刑法を変えるなんて、そんな夢みたいなことばかり言うのはやめなよ。騒ぎ立てずに民事裁判をすればいい話じゃないか」

たぶん彼らは、わたしのことを個人的なトラブルを騒ぎ立てる人と感じ、煩わしく感じたのだと思う。でもそれは、犯人が言った「お前が悪い」という言葉とほとんど意味は同じだった。要するに、被害者に対し、性暴力に従えと言っているのだ。子どもを諭《さと》すような口調で言われたことにも、とても傷ついたのを覚えている。

そこにどんな論点のすり替えがあったのかというと、少し真面目な話になる。民法は、個人的なトラブルを解決するためのルールだ。一方で、刑法は社会生活における禁止事項を示したものだ。性暴力は加害者に原因がある社会問題なので、本来は性暴力を裁くのは刑法なのである。それなのに、こんなふうにして、被害者のあらゆる言い分を「個人的だ」と言って取り締まる言葉が社会にあふれている。それなのに、性暴力を取り締まることができない現実にはさまざまな理由がつけられ、その後ろめたさを上手に無視することのできる仕組みができ上がっていた。そのおかげでと言うべきか、残念ながらと言うべきか、わたしが書くことに困ったことは一度もないのだった。

時折、読者からの感想がわたしの元に届いた。高齢の男性から「こんな問題が日本にあるなんて、長く生きてきたけれど、恥ずかしながら何も知らなかった」という感想がきたこと。久しぶりに会った人が「読んでるよ」と声をかけてくれたこと。知らない人から「書いてくれてありがとう」というメールがきたこと。そうした反響を聞いて、夫や幼い娘たちは、もしかするとわたし以上に、ひとつひとつを噛みしめるように喜んでいた。それを見るわたしもまた嬉しかった。PTGを感じさせてくれる反響は、何にも代えがたい報酬《ほうしゅう》だった。

誰もがジェンダーの最前線に立っている

性暴力被害者だと名乗ったうえで、普通の顔をして生きられる社会の実現。そのなかにはもちろん、働くということも含まれている。わたしとしては、ぜひとも納税できるくらい働きたいと考えていた。なぜかというと、性暴力被害者が社会の一部として責任を果たせる存在であり、自分の生き方を決める力を持っていると示したかったからだ。

新しい会社に初めて出社した日、日本人男性の部長から、

「あなたのことをどのように紹介したらいいでしょうか」

と尋ねられた。

「わたしの障がいについて皆さんに知ってもらっている環境で働きたいという考えがあるので、以前の仕事で性暴力被害に遭いPTSDという障がいを患っていることを、隠さずに伝えていただきたいです」

と答えた。

部長は「わかりました」と前向きな様子で頷いてくれた。しかし三〇数人の部下の前に立った時、部長の手が小刻みに震えているのが見えた。先ほどわたしが伝えた「障がいについて知ってもらっている環境で」という言葉がメモされている紙が、部長の手のなかでカサカサと音を立てていた。直観的に、部長は「性」という単語を口に出すことが恐ろしいのだろうと感じ、わたしは途中から話を引き取って、自分で自己紹介をした。

立派な背広を着ている社会的地位のある男性が、「性」という言葉におびえている姿は衝撃だった。この一件で、誰もがジェンダーの最前線にいるということを感じた。

男性でも、女性でも、それとは別の性の人でも、若くても、人生のベテランであっても、誰もが社会的性差であるジェンダーについて本当は悩んでいて、それを言葉にできないことに苦しんでいる。それは外資系のバックグランドを持つ企業で働く人にとっても変わらない現実なのだと知った。

性暴力被害者として働くおかげで、助かる場面も多かった。

ある日のお昼休み、ニュースで児童虐待に関する報道を目にしたわたしは、フラッシュバックが止まらなくなってしまった。そのことを同僚に正直に話したところ、

「鮎美さんはそういう障がいだから、そういう時もあるんだね」

とシンプルに受け止め、救護室で休ませてくれた。その後席に戻っても本調子ではなく、仕方なくメソメソしながら仕事をしていても、皆いつも通りに接してくれたので、かなり気が楽だった。もともと理解をしてくれる土壌《どじょう》のある会社を選んだということもあるけれど、被害や症状について素直に伝えるだけで対応がここまで違うのかと、逆にこちらが感心してしまった。

これまで埋もれていた性暴力が姿を現す時

別な日にはこんな出来事があった。会社のエントランスを出たところで、知らない

人に突然抱きつかれたのである。ほんの一瞬の出来事で、幸い加害者はすぐに去って行った。しかし、これまでのトラウマのすべてが展開し始めるのを感じ、「まずい」と思った。このまま精神のバランスを崩せば、何年もかけて積み重ねてきた治療の成果を再び失うことになるからだ。そうなればまたキャリアを失うのだろう。そう考えた時、目の前に巨大な黒い穴がぽっかりと口を開けたように感じた。

その時、わたしの脳裏を、コラムに書いた言葉がよぎった。

わたしたちは時代に触れ
それをみんなで前へ前へと押している。
社会を変えようとしている。

（二〇一九年一二月二四日発行「すぷだより」No.〇四四『拝啓《はいけい》、伊藤詩織さま』より抜粋）

そうだ、自分は、ひとりでここに立っているわけではないのだと思った。

わたしは目を瞑って、体の前に両掌《てのひら》を差し出した。目の前にある見えない壁に触れられそうな気がしたからだ。そして、その壁の手触りを想像してみた。わたしの体の左右からも、たくさんの当事者の手が伸びてきて壁に触れているような気がした。たくさんの、たくさんの当事者たち。そのなかに、なぜかユパの姿もあった。

「ああユパ、自分がもしもあなたのように正義を貫くことのできる人間だったら、今この時にどうするだろう」

目を再び開いた時、わたしはもう決めていた。会社に対して堂々とカミングアウトをしたのである。

「会社の前で、知らない人に抱きつかれました。自暴自棄《き》になった人が、確信犯的に行った嫌がらせだと思っていますが、わたしには全く非がありませんし、本当に悔しく、あってはならないことです。他の方たちが今後また同じような被害に遭うかもしれないと考えると、大変心配ですので、きちんと注意喚《かん》起をしてください」

わたしの書いた一通のメールが、社内を駆け巡った。すると意外なことが起きた。

これまでは埋もれていたさまざまな性暴力について、同僚たちが語り始めたのである。

「じつはわたしも似たような被害に遭ったんですよね」

「ていうか、こんなこと口に出して良かったんですね」

その様子を見て、上司がつぶやくのが聞こえた。

「えっ、性被害って……こんなにたくさんあるのか」

上司はよほど驚いた様子で、こちらへ一歩踏み出し、

「もしも警察に行くなら、つき添わせてほしい」

と言った。そして実際に警察につき添ってくれ、警察のひどい対応を見て、

「日本の法律ってこんなに冷淡なのか」

と悔しそうに言った。

わたしは頷いて、力強く答えた。

「そうです。でも変わります」

これが、性暴力被害者が社会を治療するという意味なのだと感じた。誰かの勇気が別な誰かを支え、その誰かの勇気がまた次の誰かを支える。わたしも誰かの勇気に支えられているひとりだった。顔も名前も知らない人とつながっている。文章を書くことがわたしを変え始めていた。

もしも「セクハラくらい」「痴漢《ちかん》くらい」という心ない言葉を口にする人がいたら、加害行為を笑い飛ばす人がいたら、見て見ぬふりをする人がいたら、その人は加害者の味方をする反社会的な人だ。

性被害に遭うと「自分は何もできないんじゃないか」と感じることが多い。しかも、危険な状況を切り抜けることに集中するあまり、その悔しさを真正面から感じること自体が困難になってしまう。悔しさを伝えたり、助けを求めたりすることが、被害者にとってはとてつもない勇敢さを必要とすることになってしまう。

だけどわたしたちは、支え合いながら、つながり合いながら、時代を前へ前へと進めている。それがわたしたちの賢《かしこ》さの証しであり、知恵なのだ。何もできないどころか、わたしたちは社会の認識を大きく変化させようとしていた。

12 「強くなれなくても」

――法制審議会への手紙

被害者も加害者も置き去り

なぜ法律の言葉は難しいのだろう。なぜこんなにも難しい必要があるのだろう。大学で刑法を学び、刑事裁判を傍聴し、法律事務所で三年間働いても、法律の言葉が難しくなければばならない明確な理由はわからなかった。

なぜかと尋ねると、

「我々がいつも均質な判断をするためには、法的な難しい概念が必要なのだよ」

と自慢気に答えた弁護士がいた。

たしかに、法律の言葉に揺れがあってはならないのかもしれない。わたしたちの日常生活では、ひとつの言葉が場面によっていくつもの意味を持つことがある。たとえば「見る」という言葉は、視覚によって物に関しての情報を得ることを意味する一方で、場面によっては内容についての判断をするという意味も持つ。それ以外にも見つめるとか、見とれるとか、凝視《ぎょうし》するとか、覗《のぞ》くとか、睨《にら》むとか、さまざまな「見る」がある。法律の言葉はそうであってはならないということで、日常で使う言葉とは異なる厳格な定義が必要なのかもしれない。

だからといって物事を無駄に細分化する必要はないと思う。法律は皆の法律だ。技術だって皆の技術だ。簡単な話を難しくして専門家の領域にしてしまう必要はない。

少なくとも、「法律家だけがわかっていればいいんです」という態度は間違っていると思う。そうした専門家主義は、当事者から力を奪うからだ。とくに性犯罪に巻き込まれた被害者にとっては、自分で状況を理解していること、判断ができるということ、その判断が法的にも尊重されることが、その後の回復にとって非常に重要になる。だからわかりやすい刑法であることはとても大切だと思う。

それに犯罪抑止の観点からも、法律家以外にもわかる刑法であることが重要ではないだろうか。N検事は、

「悪いことをしたという意識のない人を刑務所に入れることはできない」

と言ったけれど、国民の大半は法律の専門的な教育を受けたりはしないのだから、悪いことをしたという意識がないのは当たり前なのである。法律家による難しい言葉遣いがいくら厳格なものであっても、何が悪いことなのかを伝えられる刑法でなければ、犯罪者を有罪にすることはできない。むしろ、国民の大半を置き去りにしているせいで、解釈の揺れがかえって増えてしまっているのが現在の刑法の姿だと思う。

古い刑法の差別性

二〇二〇年五月、ついに法務省に検討会が設置され、刑法を改正するための議論が、もう一度スタートすることになった。わたしたちは喜びに沸《わ》いたが、ここからが本当

の闘いの始まりだった。

「性犯罪に関する刑事法検討会」は、約三〇人の専門家が各方面から招集され、全一六回開催された。二〇二一年五月に報告書がまとめられると、すぐに法制審議会が設置された。二〇二三年二月に報告書がまとめられるまでの間、一三回の会議が持たれた。わたしは法律の難しい言葉に苦しみながらも、議事録を読み、議論の行方を見守った。

検討会の委員には、暴行・脅迫要件の撤廃《てっぱい》に反対する専門家が多く含まれていた。彼らの主張をひと言で言うならば、暴行・脅迫要件をなくすのであれば、それに代わる何か別な物差しが必要だということだった。そうしなければプロフェッショナルとしての判断ができず、公判を維持することすら難しくなるという。

わたしたち被害当事者は、「性暴力とは同意がないことだ」と伝え続けてきた。国連は性暴力を「望まない性的行為及び言動」と定義しており、性暴力以外に追加で暴行や脅迫を探す必要はない。しかし、このシンプルなことがなかなか理解されなかった。これに対し、国家から加害者を守る刑事弁護の専門家は、「別れた恋人に対して性暴力を主張するケースが増えるのではないか」等、被害者の主張を信じていいものかという危惧《きぐ》をたびたび表明した。

こうした一連のやり取りを読み、あまりに失礼すぎて思わず笑ってしまったのを覚えている。別れた恋人に対して性暴力を主張する人がいたら、それは実際に性暴力があったかもしれないわけで、ちゃんと吟味する必要があるのではないだろうか。最初から「吟味する必要がない」と考え、門前払いしようとするのであれば、それは被害者に対する差別である。裁判は法律家のためではなく国民のためにあるものなのに、こうした態度はおかしいと思う。

人間が法律を作ったり、裁判を開いたりするようになったのは、人間の考えが「聞く」ことによって変わっていくからだ。「聞く」にはもちろん、聴覚によって情報を得る以外に、内容を理解し判断するということも含まれている。たとえば、裁判で被害者が「性的同意はなかった」と主張した場合、第三者の第一印象は変わっていく可能性がある。こうした可能性を大切だと考え、人間は裁判を開いてきた。裁判を開かないことではなく、裁判を開き、真実を問い続けることこそが法律家の仕事であるはずだ。

一方で、たしかに古い刑法を仕事道具として使ってきた専門家には、今まで門前払いをしてきた被害者の訴えを聞くことに対して馴染みがないのかもしれない。まずは、古い刑法が差別的だったということにしっかりと気がつかなければ、議論が前に進まないと感じた。

法務大臣への手紙

　こうした議論のおかしさを乗り越えたいと考えたわたしは、法務大臣に宛《あ》てて手紙を書くようになった。要望書という形で、これまでに七通を個人名で提出した。封筒にはわたしの住所を書いて投函《とうかん》する。正直なところ、性暴力被害者と名乗って発言をすること自体が負担なのに、住所まで書き添えることには葛藤があった。それでも、これまでのように被害者の言葉が無視される歴史が繰り返されるのではないかと思うと、夜も眠れなくなってしまう。被害者はひとりひとり実在する人物なのだと納得して読んでもらうためには、必要なことだと考えた。

　最初に要望書を書くようになったきっかけは、議論が大詰めを迎えつつあった二〇二一年一月、検討会の議論の様子を漏れ聞いたことだった。

「地位関係について話し合っているが、仕事上の関係を利用した性暴力については、成人しているでしょという扱いで、視野にも入っていない」

　議事録を読んでいて、わたしも同じ感想を抱いていた。

　少し詳しく説明すると、その頃、検討会では奇妙なことが起きていた。被害当事者や支援者、研究者を招いてヒアリングを行い、さまざまな具体的な事案が示されたにもかかわらず、成人している女性が被害に遭ったケースの話になると、途端に議論が進まなくなるということが繰り返されていたのである。

たとえば、検討会第三回では、未成年の時に教師から性暴力を受けた当事者の石田郁子さんへのヒアリングが行われた。ヒアリングの最後に、石田さんは、

「わたしが刑法に望んでいることについて話します」

と前置きをして、仕事のなかでの地位を利用した性暴力についても目を向けてほしいと意見を述べた。

第四回の議論においても上谷委員が、

「子どもの被害というのは非常に重要ですし、とくに被害に遭いやすいのですけれども、やはり大人の被害も大事に考えなくてはいけない」

と述べ、仕事上の地位・関係性を利用した性暴力事件がほとんど不起訴となっている現状は大きな問題だと訴えた。にもかかわらず、その後の議論のなかから、仕事のなかでの地位・関係性がどんどん抜け落ちていく。

地位・関係性という言葉の使われ方にも注意が必要だった。専門家たちは繰り返し、性暴力被害者を分類しようとした。議論を始める前に、どの地位・関係性を利用された被害者なのか、被害時に何歳だったのかを繰り返し問うた。そうしなければ、疑わしい被害者の主張までをも認めることになり、加害者に不利益をもたらすというのが、その理由だった。

こうして地位・関係性という言葉の解釈は、主に教師—生徒間に収斂《しゅうけん》していったのである。

仕事のなかでの性暴力の現実

また、別な角度からも、成人している被害者への切り崩しが行われていた。検討会第八回の議論で、刑事弁護の専門家が、

「民事の損害賠償《そんがいばいしょう》の対象となる事件、あるいはセクハラなどで懲戒解雇《ちょうかいかいこ》をすべき事件があり、刑罰をもって対処するというのは、いわば最終手段であることを忘れてはならない」

と発言したのである。

これはあまりに非現実的な言葉だと感じた。新しく入った会社で監査の仕事に携わっていたわたしは、日々の業務のなかで、被害者が組織のなかで声をあげることがどれだけ難しいものなのかを痛感していた。法的枠組《わくぐみ》がないなかで、民間企業が加害者に懲戒解雇を言い渡すことがどれだけプレッシャーのかかるものなのか、全く理解していない発言だと感じた。

仕事のなかでの性暴力について伝える必要があると考えたわたしは、すぐに要望書を書いた。

現在、わが国では、刑法が公布された一九〇七年とは構造的にまったく異なる社会が現出しております。二〇二〇年の日本の労働人口は六，六七六万人と言われており、そのうち上場企業社員はおよそ三〇〇〇万人と言われています。つまり、残りの六，三〇〇万人超は、非正規労働者であるか、非上場の中小企業等で働いているということになります。中小企業等ではそもそも充分な会社規則が制定されていることが少なく、制定されていてもその内容や運用が形骸《がい》化しております。また、非正規労働者や就職活動中の学生が被害者である事案については、会社規則は及びません。

性暴力は、こうした職業上の立場の違いを利用して行われ、隠ぺいされる犯罪だということが調査から明らかになっています。会社規則による適切な保護を得られず、喫緊《きっきん》の手段として最終手段である刑法に頼らざるを得なくなっているのです。また、会社規則や内部通報制度があっても、刑法における性暴力規定が実行力を失っているために、民間企業においても厳正な処分を行う根拠が不明瞭《りょう》と解され、救済の道が絶たれているという現実があります。現代社会においても普遍《ふへん》的に機能し、真に国民を守り律する刑法の規定を要望します。

ほかにもさまざまな違和感について、必要だと感じる被害事例と経過を盛り込み、統計を引用し、同僚に聞き取り調査をして、要望書を書き続けた。議論を見守り意見を表明することで、自分なりに法制審の議論をアシストしたいと考えたからだ。

わたしのこうした活動を知ったいくつかの新聞が、記事を書いてくれた。その反響を実感したのは意外なタイミングだった。記事を読んだ母親から電話がきたのである。

「ご近所の奥《おく》さんが『鮎美ちゃんを応援したい』って言うから、びっくりして」

それまで、性暴力を受けて苦しんでいる姿を、両親にはなるべく見せないようにしてきた。刑法改正についての想いを両親に対して口にしたこともなかった。心配をかけたくなかったし、わたしが厳しいトーンで「刑法を変えたい」と口にしたところで、大切なポイントである「変えたいのは社会であって父親や母親個人ではない」という点は伝わらないだろうと考えていたからだ。

母親は落ち着いた様子で言った。

「鮎美は大変な想いをしたけど、東京で頑張っているんだね。刑法改正、応援するよ」

それは、この子はもう小さな子どもじゃないんだと、自分自身に言い聞かせているような口ぶりだった。

わたしは感動していた。「ごとき」「値しない」と言われた当事者の言葉が、社会を少しずつ温かなものに変えていることを感じたからだ。そして、社会的分断によってがんじがらめになっている言葉の砂漠で、そのような温かなやり取りが発生したということにも驚いた。それ以降、世代を問わず「応援する」と声をかけられることが増えていった。そのほとんどが働く女性からの耳打ちだった。

専門家から専門性を奪うもの

それでも法制審議会の議論には変化があまり見られなかった。なぜだろうと思い、慎重に議事録を読み返しているうちに、気がついた。それは、ジェンダー・ステレオタイプが排除《はいじょ》されていないために、専門家が専門家としての力を発揮できていないという現実だった。

たとえば、検討会第二回の議論では、成人男性から成人男性に対して行われた性暴力のケースが報告され、専門家たちは衝撃を受けた。「この男性の被害者の場合には地位・関係性が作用していたために被害を避けられなかった」ということが専門家の口からもたびたび確認されるなど、シンパシーが示された。こうしたシンパシーが成人の被害についてで示されたことにわたしは少し希望を抱いた。しかし、それは男性が被害となった場合のみで、女性の被害へと拡大されることはなかった。

もうひとつ、検討会第七回の議論では、「法廷で職業を持つ被害女性に対するハラスメントが横行している」という指摘がされた。加害者側の弁護士が被害女性の職業に繰り返し言及することで、ことさら「性的に奔放《ほんぽう》な女性である」と強調する事例があるという。わたしにはこれは到底無視してよい指摘とは思えなかったが、刑事弁護の側が反論し、それで議論はあっさり終了した。

男性が職業を持つことは適切であり信用に足ることとして扱われ、女性が職業を持つことは不適切であり信用するに値しないこととして扱われる――これは一般社会においては最も典型的なジェンダー・ステレオタイプであり、加害者はこうした差別を背景として性暴力を実行している。にもかかわらず、検討会や法廷の議論においてもステレオタイプが仕方のないこととして許されており、犯罪の背景にあるこうした要素について、適切な見解を述べる専門家は少なかった。

女性は働くべきではないということでしょうか

差別は仕方のないことなのだろうか。専門家たちが、繰り返し性暴力被害者を分類しようとするのはなぜなのか。性暴力のなかで、働く女性に対する性暴力がことさら無視されるのはなぜなのか。わたしには、専門家たちが、生身の人間として傷つくことや、自分の傷つきに気がつくことを恐れているように見えた。

性暴力と報道対話の会が発行した冊子『性暴力被害を学ぶ講演録』（二〇一九年一二月一日発行）には、支援者の悲痛な言葉が収録されている。

「法廷のなかで、わたしが心を揺さぶられたのは、『一番きつかったのは、仕事を懸命にしようとしたなかでの被害だったことです』という、被害者の言葉でした。この方は、『女性が働くべきではないということでしょうか？』と大きな力を込めて訴えました。これはものすごいインパクトを持つ言葉でした」

検討会でも、働く女性がプロフェッショナルとしての専門性や懸命さを否定される際に、その否定の道具として性暴力が使用されている実態が報告されていた。

「いわゆる世間でキャリアウーマンといわれている人たちの方が、自分はそういうことにきちんと対応できると思っているのにできなかったということや、職業の専門性自体を否定されたということで、むしろ傷つきが大きい」（検討会第一二回）。

わたしは、働く大人たちの傷つき方には、それ以外の被害者とは少し違う点があると感じた。思い出されるのは、働く大人たちが「性」という言葉を恐れているかのような様子を見せる瞬間のことだ。支援者に相談をする時、まるで彼らの方が傷ついたかのような表情をすることは珍しくない。こちらが多くを語る前に、支援者が「性とはこういうものだ」と決めてかかってきて、主語の逆転現象が起こる局面もある。被害者の目から見ると、それはとても不思議な現象に見えるのだが、理解できる部分がないわけではない。社会にはまだ、性暴力を受けとめ支援するだけの準備ができていないのだ。

多くの大人たちが、性に傷ついた自分を隠しながら働いている。刑法がこれまで「性」を無法地帯として放置してきたということは、性暴力が、誰でもゼロ円で行使でき、責任を問われなくて済む、カジュアルな暴力だということを示している。わたしたちはこれまでも、そして今も、誰もが、いつ「性」を使って傷つけられるかわからない社会に生きている。「性」という言葉を恐れる大人たちは、こうした「性」による支配を恐れ、なす術《すべ》もなく屈服しているように見えた。

性に傷ついてもいい

わたしがこうしたことに悩んでいた頃、夫が、

「あの時言ったことを言い直させてほしいんだけど」

と話しかけてきた。聞けば、「結婚をやめさせてほしい」と言われた時のことを語り直したいのだという。

「この前君に尋ねられた時、逃げていいと言われて逃げなかったのは僕の強さだと言ったよね。だけどよく考えてみたら、やっぱりあれは強さではなかったと思う。僕はただ、犯人に負けるのが嫌だったんだ。なんでかと言えば、僕はあの時、たぶん結構深く傷ついていた。そして、犯人がまき散らしている悪意に対して、もしもそこか

ら逃げてしまったら、自分はもっと深く傷つくんだろうと思って、それが心底嫌だった。だって、倒れそうになっている人にぱっと手を出せなかった自分のことは、たぶん一生好きになれないでしょう。だからこれは僕の強さというよりは弱さなのかもしれないと思ったんだ。でも、それでいいとも思ったんだよね。こういう暴力や悪意に対して、人間がそんなに強くなる必要なんか、最初からないんだと思う」

わたしはその時、「そうなんだ」と返事をしただけだった。けれど、それは、後からじわじわと考えさせられる言葉だった。

性に傷ついたって別にいいのだ。性に傷ついたことを、別に隠さなくてもいいのだ。そして、性について傷つけてくる人に対して強くなる必要などない。傷つけられたことに責任などない。傷ついたと言っていいし、傷ついた姿を見せてもいいのだ。大人たちが「性」という言葉を恐れるのは、そうした環境が社会にまだないということを表しているのだろう。

13 「それを奇跡と呼ぶ前に」

——新しいスタートライン

魂のサイズ

六週間に一回というコラムのペースは、わたしに、考える呼吸を与えてくれていた。書くために六週間を生き、書いてはまた生きるという呼吸だ。生活のなかでふつふつと湧きあがる「自分なんか」という考え。加害者が「お前なんか」という扱いをして、そのせいで症状として残されたこの考えは、何年経ってもわたしを破壊しようと荒れ狂った。司法すら否定してくれないこの考えは、横断歩道を渡ろうとして信号が赤になった時や、仕事で小さな失敗をした時、疲れて頭が回らない時に、ガムテープのようにわたしの全身を縛りはじめる。そしてわたしという人間の可能性を奪い、苛《さいな》むのだ。

ある時、わたしはこんな言葉をコラムに書いた。

仕事というものが
その先にある社会というものが
差別と性暴力を利用して成り立っている
アンフェアな社会。

教育現場でも、福祉の現場でも
スポーツの現場でも
加害者のユニフォームの胸ポケットに
性暴力や差別が、勲章《くんしょう》として輝《かがや》いてきた。
告発したら、もっと傷つく仕組みがある。
この仕組み自体が性暴力なのだと思う。
このアンフェアな仕組みはわたしから
ゴールに向かって走り切る力を奪った。
もうプレイヤーになれないことを
何回も思い知らされた。
いまだにわたしの魂のサイズは
ゴールテープを切らせてはくれない。
それでもわたしは
スタートラインに立つことをやめない。
夢を持つことをやめない。
社会が変われば、もう少し遠くまで
走って行けるようになるかもしれないからだ。

（二〇二一年七月二七日発行「すぷだより」No.〇八二『魂のトラック』より抜粋）

書きつけた言葉は処方箋《せん》となり、わたしをガムテープの束縛《ばく》から解き放つ。でもそこからまた六週間が経つ頃には、再び別のバージョンのガムテープにすっかり縛り上げられてしまっている。だから常に必死で次の言葉を探してきた。それはアスリートのように孤独な作業だが、こんなふうに表現しながらＰＴＳＤの症状と向き合えば、なんとか社会生活を送ることができるというのは、ひとつの発見だった。

また、コラムや要望書を書き続けることには、風に飛ばされて一枚一枚バラバラになった新聞紙のようになってしまったわたしの心をつなぎ合わせる役割もあった。症状として聞こえてくる加害者の言葉や、わたしを縛り続けるガムテープの軛《くびき》に立ち向かおうと、図書館の本を片っ端から読み漁《あさ》った子ども時代のわたしと、文章を書く仕事をして生きていた頃のわたしと、当事者であることを受け入れた今のわたしが、力を合わせて言葉を紡《つむ》いでいたからだ。

奇跡とは何か

このように言葉と向き合う生活は、たとえるならば、雪原のようにモノクロームの世界だった。

モノクロームの世界が少しずつ変わり始めたのは、二〇二一年に写真を撮《と》り始めたことがきっかけだった。カメラのファインダーを覗いていると、言葉になる前の感情や記憶のかけらが爆発的に噴《ふ》き出してくることがあった。この感情の奔流《ほんりゅう》が、わたしに重要な変化をもたらした。失われていた記憶を取り戻したのである。

それは大地震の前に鳴り響くという地鳴りのように、ゆっくりと起きた。二〇二一年の夏、わたしは、静かな衝動に駆られながらユパの家を訪ねた。

ユパの家は荒れ果てていた。かつて剣士ミラルダごっこをして駆け抜けた立派なお屋敷《やしき》の敷地は、草によってすっかり覆われていた。二六年前、校長先生に怒鳴られた場所に立つと、かつてわたしたちを揺らした手製のブランコが、朽《く》ちているのが見えた。松の木の根元には見慣れないお地蔵さんが置かれており、それは残された家族がユパを想って置いたもののようだった。草むらから、野生化したトマトの実が顔を出し、鈍《にぶ》く光っているのが見えた。

ファインダーを覗いていると、まるで万華鏡のなかに放り込まれたようだった。薬を飲み下す時のような苦しさを感じながら、滅茶苦茶に写真を撮りまくった。そうして、ゆっくりと記憶の蓋《ふた》が開いていくのを感じた。出来事や感情に関する記憶が、あるべき場所に収まっていく。今やわたしは理解していた。長い時を経て、ユパが当時感じたであろう痛みのひとつひとつの手触りを、自分の感じ方として手に入れていた。

すべてがクリアになった時、わたしはずっとある誤解をしていたことに気がついた。ユパが死んでしまったことを、心のどこかで、原子力発電所のそばに生まれ落ちたせいだと感じていた。でも、そうではない。原発のそばに生まれても、ほとんどの人は生きているからだ。じゃあ、わたしに力がなくて、いじめのなかで彼女を守れなかったせいではないか？——いや、それも違う。だって、いじめに遭ってもなお、ユパは誇り高く生きていたからだ。では、わたしの言葉が足りなかったせいだろうか？——そうかもしれない。たしかに、わたしの言葉で大人たちを動かすことはできなかったからだ。でも、とわたしは思った。もう言い訳をするのはやめるべきだ。

どんな種類の支配や差別や不安や足りなさがあったとしても、そこに性暴力がなければ、ユパはきっと今もこの地球のどこかで生きていただろう。そして自分の目で、もっと広い世界を見たはずだ。夕焼けのなかで手を振ったあの日の感情が蘇る。性暴力がなければ、きっとわたしたちは、ふたりで朝までいろいろなことを語り続ける年頃になるまで生きていることができたのだ。

ユパは「強くなりたい」という言葉を繰り返した。なぜ強くなる必要があったのかというと、彼女のまわりには、彼女の経験した痛みを受け止められる社会が存在していなかったからだ。「性暴力かもしれない」と気づける大人が存在しなかったし、たとえ気づいても、行動することのできる人がいなかった。だから、強くなるしかなかったのだ。

わたしは、ロビイングをしていた頃、ひとりの仲間が国会議員に対して語った言葉を覚えている。

「先生、わかりますか。わたしが今、こうして生きてこの場に立っていることは、奇跡なんですよ」

彼女の表情は誇りに満ちていた。

実際、被害者の人生は、衝撃的な出来事の連続だ。だからわたしは、記憶を失って取り戻すという経験だって、被害者にとってはそこまで珍しい物語ではないのではないかと思っている。実際、性暴力の後を生き延びるということは、どの被害者にとっても、奇跡なしにはなしえないことなのだ。

ただ、それを奇跡だと言って喜ぶ人がいたら、わたしは「喜ばないでください」と言うだろう。暴力の被害者が、奇跡のような努力を積み重ねなければ生きていけない社会というのは、そもそも社会としての機能を備えているとは言い難いからだ。そこまでの努力と負担を被害者に強いる社会とは何なのだろうか。二〇一七年に#MeToo運動がアメリカで起き、二〇一九年にフラワーデモが日本で始まった。けれど、それでもまだ、社会は性暴力について圧倒的に知らない。新聞の一面の見出しに性暴力という言葉が刷られているのを目にしたり、伊藤詩織さんが最高裁で勝訴したりしても、「強くなりたい」と言うユパの声に含まれていた、あのどうしようもない切実さを理解している人はまだ少ない。性暴力がなければ、彼女は死ななかった。だから、性暴力があったら、いけないのだ。涙がこぼれ落ちた。その時思った。この宿題を、もうひとりで終わらせようとしなくてもいいのではないかと。

分類されることを拒否してもいい

東京に戻ったわたしは、自分の考えを仲間たちに話した。

「性暴力のなかに、いい性暴力と悪い性暴力がある訳じゃないと思うんです。性暴力は、力の弱い者だけが遭うんでしょうか。力の強い者は性暴力に遭わないし、遭っても許すことがマナーなんでしょうか。違いますよね。その人の置かれた状況はその人にしかわからない。そんなことは誰にも言えないはずです。それに、そんなことを言っていたら、『わたしには我慢できた』『お前も甘えるな』と、やせ我慢競争になってしまう。

大人が子どもの性暴力に気がつかないのは、大人が大人の性暴力に気づけていないからだと思います。自分が遭ってきた性暴力にも気づけていない。だから子どもの性暴力にも気づけない。本当は性暴力って、どんな人でもどんな性の人でも遭うし、被害者が何歳でも、いい人でも嫌な人でも、偉《えら》くても偉くなくても、大人でも子どもでも遭う。性暴力は性暴力です。大人が守られていなくて、やせ我慢をし続けてきて、子どもへの性暴力も放置されてきた。そのことをまず認めた方がいいと思っています。

わたしたちは分類される必要はないです。引き裂かれた気持ちになったり、自分を責めたり、どっちの方がより被害者らしいとか、信じられるかとか、強いとか、強くないとか、そんなふうに競わされなければならない理由なんてない」

見ると、仲間たちは黙ったまま、涙を流していた。そして口々に、見捨てられた時の絶望を語り始めた――性虐待に気づいていたはずの大人に、無言で見過ごされた瞬間のこと。あるいは職場の先輩から、「そういうのをうまくあしらうことも、ビジネスマナーとして身につけないとダメよ」とたしなめられた時のこと。全員が、SOSを出したのに値踏みされ、なんだかんだ理由をつけられ、見過ごされた経験を持っていた。大人から伝授されるのは、自分の痛みを自らネグレクトする方法ばかりだった。

その結果、わたしたちの誰もがコミュニティを喪失していた。放り出され、自分を責め、「あなたを信じる」と言ってくれる誰かのいるところへ、たまたま奇跡的に流れ着くことができた人ばかりだった。ここへ流れ着けなかった被害者たちのことを皆で想った。

その日、見過ごすことには、本当は理由などないのだという結論にわたしたちは至った。わたしたちにその原因があるわけではないのだ。分類されることを拒否してもいいのだという答えを、当事者が手に入れた瞬間だった。

わたしは再び、法務大臣に要望書をしたためた。一緒にこの宿題に取り組んでほしいと考えたからだ。

刑法で性暴力を裁く必要があるのは、性暴力が社会問題だからです。

わたしはこれまでの議論の記録を繰り返し読み、今必要なのは、誰もが普段の生活のなかで感じている違和感、迷い、「じゃあどうしたらいいんだよ」という気持ち、そういう煮《に》え切らない気持ちが委員の皆さまのなかにも存在しているということ、それが曇《くも》ったレンズのようになってはいないか、一度点検していただくことなのではないか、という考えに至りました。


今回の議論の出発点はどのようなことだったでしょうか。ややもすると、議論はすぐに「被害者が弱いから保護しなければならない」「しかしすべての被害者が弱いわけではない」という文脈に陥《おちい》ります。次に被害者を分類しはじめる。でもその時、加害者は透明になり、議論は堂々めぐりを始めてしまうことを忘れないでほしいのです。こんな風にして、一一五年間、刑法は、なんだかんだ被害者をふるいにかけ、救済してこなかった。そうした過去への反省の上に立ち、性暴力に適切に対処する刑法を作るということが、今回の議論の出発点ではなかったでしょうか。

委員の皆さまには、性的同意を得ようとしないという加害者の犯罪特性にこそ、正当な専門的注意を注いでいただきたいです。すべて加害者が計画し実行していることなのですから、被害者の属性によってではなく、加害者自らによって犯行の様態を説明をさせるべく、議論を深めていただきたいのです。

たしかに性暴力を裸眼《らがん》で見ることには、心臓に穴が開くような痛みが伴います。それでも、法制審議会の席に座る皆さまには、曇ったレンズを外し、それをやっていただきたいと考えておりますし、もちろん、それをする力のある方々だと信じております。性暴力を取り締まることができる適切な刑法を実現してください。


もちろん、要望書には、ユパが受けた性暴力についても書いた。それがどのように起き、そして裁かれなかったか、それは刑法にどのような問題点があったからなのか。ユパの尊厳にかかわることなので、その詳細をこの本に書くことはできないけれど、さまざまな差別の現場で、性暴力が最後のひと押しになっている現実について、必死に考えをまとめて要望した。

二〇二二年一〇月に公表された刑法改正試案には、わたしがユパについて要望したことの一部が無事に盛り込まれていた。さらに、SNSなどでやり取りを重ねて子どもを懐柔《かいじゅう》する行為を罰する性的グルーミング罪の新設や、性暴力（強制性交等罪と準強制性交等罪）の公訴時効の一〇年から一五年への延長も書かれていた。この試案にはさらに修正が加えられ、二〇二三年一月一七日、日本の憲政史上初めて、「同意」

という言葉が刑法性犯罪規定案に明記された。そして三月一四日、内閣は、強制性交等罪と準強制性交等罪の罪名を、「不同意性交等罪」に変更することを閣議決定した。

これらは、どれも、わたしたち被害者が伝え続けてきた「同意がないことが性暴力だ」という考え方に、刑法が大きく近づいてきたことを意味する。

喜びつつも、それでもまだ足りないと思う点は多い。

観客席を出て、アリーナに立つ日

今の状況を、刑法という名前のアリーナで、スタートラインに立たされているようだと感じる。法律家たちが、

「被害者たちがごちゃごちゃおっしゃるので、新しい刑法を用意しました」

と言って、わたしたちを真新しいトラックに案内してくれる。

「どうぞ走ってください！」

ファンファーレが鳴り響く。トラックには、「同意」「暴行・脅迫」「アルコール・薬物」「不意打ち」「地位の利用」等と書かれたハードルが並んでいる。以前の刑法よりも、証明しなければならない事項が増えているように見える。

アリーナの観客席には、法曹《そう》関係者や政治家、公務員、加害者やその友人らが座っている。ポップコーンとコーラを手に、「走れ！」「走れ！」と叫び、被害者がこの障

害物競走をどのように走り切るかを観戦しようとヒートアップしている。

コミュニティやキャリアを失い、トラウマを負って、ボロボロになっている被害者は、力尽《つ》きて言う。

「ここに立つべきは、わたしたちじゃない」

でも社会のほとんどの人はまだ観客席から出る気がないようだ。

被害者が刑法を変えたいと言う時に、定期的に現れるのが「騒ぎ立てずに、加害者に謝ってもらえばいいだけじゃないですか」と言う人だ。怒りを表明する行為を、日本人として無作法だと考えるタイプの人なのかもしれない。または、自分自身にも何らかの後ろめたさがあって、「性暴力を放置している」とか「加害者」という言葉遣いに敏感になっているのかもしれない。

わたしは、「加害者に謝ってもらう」ことは不可能だと考えている。とくに、被害者が司法の力を借りずに独力で加害者に謝らせることは不可能だ。「ちゃんと謝る」ことを加害者にさせることができるのは、社会だけだ。

そういう考えに至ったのは、わたしにDVをふるっていた元恋人が、どのようにして育ったのかを考えていた時だった。元恋人もまた、幼い頃は面前DVの被害者だった。父親がなぜ母親を罵《のの》り、殴るのか。その説明責任を父親は果たさず、社会もまた父親に説明をさせなかった。だから元恋人はわたしを罵り、殴った。そうして被害者が加害者になることを選んでいく一連の流れが見えた時、「これは社会が加害者をつくっているのではないか」とはっきりと感じたのを覚えている。他の加害者についても似たり寄ったりの背景があったのだろうと想像した。

加害者は、被害者を殴ってもいい存在だと認知することで成り立っている人間だ。そんな加害者に対して、わたしは思う――かつてあなたを殴った人に「こう謝ってほしい」と思うようなやり方で、被害者に対して謝ってほしいと。それが「ちゃんと謝る」ことの意味だと思う。でもそんなことは、とても時間のかかることだし、社会からのサポートなしには不可能だ。ただひとつ言えるのは、被害者にはそんなサポートをしてあげる気力は残っていないということだ。

時々、しみじみと思う。暴力の後の人生を、自分のなかに入ってきてしまった暴虐《ぼうぎゃく》性と闘いながら過ごしているみたいだ、と。暴力を経験しているわたしたち被害者は、暴力の「味」を知ってしまっている。誰かに言うことを聞かせたり、黙らせたりするために、否、そこまで大げさでなく、ただ偉ぶるためだけにであっても、手段としての暴力がいかに効果的かを、わたしたちは知ってしまっている。それでも、被害者だからといって、何でもしていいわけではないし、何を言ってもいいとは思っていない。奇妙な言い方かもしれないけれど、わたしたち被害者は責任を取り続けているということなのだ。自分の体から逃げることはできないから、自分の心身に植えつけられた暴虐性とつき合い続ける。つき合わないことを選ぶことなどできないからだ。

加害者はどうだろうか。加害者は、今のところ、ポップコーンを手にして責任を取るかどうかを選ぶことのできる場所にいる。法廷では刑法が守ってくれるので、内心の自由が侵害されることもない。形だけでも「ごめんなさい」という六文字を口にすれば、執行猶予《しっこうゆうよ》や不起訴を勝ち取ることだってできる。でもそれは、選ばせてはいけないものではないか。加害者が自分の意思で選んでもいいのは、「もう二度と加害をしない」という生き方だけではないのか。国家はそれを信じ、とことんサポートすべきではないのか。

加害者がそういう生き方を選ぶためには、まずは刑法のあり方から見直すことが必要だ。「性暴力があった」という被害者が現れた時に、被害者に立証させるような今の刑法ではお話にならない。「性暴力があった」という訴えに対し反論するのなら、「どのようにして性的同意を取ったのか」を加害者自身に立証させるべきなのだ。それは被害者の内心の自由を保護するために当然必要だし、加害者の更生のためにも必要なことだ。

加害者はまず、同意がない性行為をしてはいけないということを学ばなければならない。わたしは、被害者「以外の」人の前で恥をかくことでしか加害者は変わることができないと考えている。それほどまでに加害者に無視されていることを、わたしは自覚している。加害者の「自分がしたことを性暴力ではないと立証できない無力さ」を暴くことは、刑法にしか果たせない役割だ。加害者にちゃんと恥をかかせ、その恥も含めて受け止めることができるのは、被害者ではなく社会、そして刑法だけなのだ。

今は観客席に座ったままでいる社会のひとりひとりに対しても、わたしは何度でも呼びかけたいと思う。このアリーナに立つことすらできなかったユパのような存在について語りつづけたいと思う。この宿題に一緒に取り組んでほしいからだ。

信じられなければ、声には出せない

多くの被害者は、性暴力に遭ったことを誰にも相談しないし、警察にもいかない。なぜこんな国に生まれてしまったのだろうと時々考える。なぜこんなにも、自分はがむしゃらに考え続け、書き続けているのか。なぜこんなにも損な役回りを引き受けなければならないのか。だけど、その前に、なぜこんな本を書くことができたのか。敢えて言う。それはわたしが恵まれていたからだ。

わたしが恵まれていたことのひとつは、ピアサポートグループへ行くことができたことだ。

初めてグループに参加した時、一〇人くらいの被害者が輪になって座っているのを見て思った。

「こんなに大人数の性暴力被害者が出会って、同席している！」

わたしはこの奇跡に打ち震えた。次に驚いたのは、自分の番がやってきて、自己紹介をしようとした時、声が全く出なかったことだった。胸がふさがったようになり、体がぶるぶると震えてしまって息が吸えないのだった。

わたしの様子を見て、声が出ないのだと察してくれたファシリテーター（進行役）の女性が、「後にしましょうか」と優しくとりなしてくれて助かった。でもその「後」が回ってきても、その日は声を出せず、ひと言も自分の被害について話すことができなかった。

「格好悪い」

恥ずかしさからわたしは身を小さくした。でも、わたしのそんな様子を見ても参加する当事者たちは驚かず、穏やかに微笑んでいた。なぜだろうと思った。体を震わせながら語る参加者も何人かいたけれど、その人たちはいい感じで自分の語りに集中しており、声が出ないわたしのことなど視界に入っていない様子だった。

いろいろな参加者がいた。「そんなにひどい目に……」と信じられない気持ちになるような経験をした人。わたしは彼女の語りに引き込まれ、涙した。「それなのにこんなにしなやかに生きているんだな」と驚かされるほどに、にこやかに穏やかに語る人。彼女の笑顔の裏にある深い悲しみが、わたしの心にも染み入ってきた。「この人は、わたしと似ている被害に遭っているけれど、自分とは全然違う傷つき方をしたんだな」と学ばせてくれる人。被害者の心に生まれる強靭《きょうじん》さについて学んだ。語る言葉は少ないものの「今を生きる」ことに集中しようと必死に取り組む人。ストイックに生きようとする姿は、そこに顧みる人がいないとしても美しいと知った。

不思議と、どの被害者も自分とどこかが似ていると感じた。その日はただ聞いているだけだったのに、違う経験をしていても、わたしたちには共通する点が必ずあるのだということに気がつくことができた。

声を出せないわたしが黙って話を聞いていることについて、彼女たちは不安ではないのだろうかと感じた。どこの馬の骨ともわからないわたしの前で、こんなにセンシティブな部分をさらけ出して、平気なのだろうかと。でも彼女たちが感情をそのままに語ってくれること、聞かせてくれることはありがたかった。彼女たちを見ているうちに、ここでは自分の考えや感情や判断を、取り繕《つくろ》う必要など全くないということがわかってきたからだ。

何回かグループに参加するうちに、わたしはようやく声を出せるようになった。それと同時に、自分の経験や思いを語る難しさにも直面した。

最初に、

「わたしはレイプされたことがあります」

と言った時、まず声がうまく出せたことに感激した。でも、その言葉が音として自分の体に響き、耳からも入ってきた時、なぜだかわからないけれど、ものすごい動揺が全身を走り抜けるのがわかった。もっと語りたいと気持ちは焦っていた。でも次の

言葉は出ず、

「以上です」

と言うのがやっとだった。それでも震えと動悸《どうき》が止まらなかった。まるで、性暴力について語ることに対して、体のなかにタブーのセンサーが埋め込まれているかのようだった。自分の経験を語るには、ゆっくりと取り組む必要があるということがわかった。

そんな無様な姿を見せても、わたしの経験を疑う人はひとりもいなかった。その日の帰り道、気がついたのは、知らず知らずのうちに「あなたの経験は性暴力ではない」と言われたらどうしようという不安を抱えて生きている自分のことだった。そんな不安が必要ない場所があるのだと知って、打ち震えた。信じられなければ、声には出せない。こうして信じてくれる仲間に出会えたことが、わたしにさまざまなことを可能にしてくれたのだった。

Only Yes means Yes.

この本は、No means Yes（嫌よ嫌よも好きのうち）と聞かされて育ったわたしたちが、No means No（不同意性交等罪）を実現するまでの記録だ。

ユパを喪ってから問い続けたのは、社会の当たり前の姿とは何かということだった。わたしは、被害者はひとり残らず、今よりもっと恵まれているべきだと考えている。社会は、今この時も暗闇のなかにいて、ひとり孤独に苦しんでいる被害者がいることをわかってほしい。暗闇から出ることができた時には、被害者が等身大で生きていくことを尊重してほしい。自分のことを自分で決める力や権利があるひとりの人として扱ってほしい。

性暴力被害者が名乗りたい時に性暴力被害者だと名乗り、顔を上げたまま生きていける社会をわたしは作りたい。選択肢がひとつしかなかったり、最初から誰かに決められていたりしたら、それは「選んだ」とは言えないからだ。選ぶことができるようになって、初めていろいろな被害者(ロールモデル)が現れ、被害者は本当の意味で自由に生きることができるようになるのだと思う。

性暴力被害者ですと言った時に、

「そうなんだ。これからもよろしく」

と自然な感じで言われてみたい。

人は誰だって、そんなに簡単に人生を投げ出すことなんかできない。それなのに、暴力が起きそうな時や起きた後に、「立ち去る方がいい」と勧められるのはいつも被害者の側だ。被害者がコミュニティやキャリアを失うことはあまりにも頻繁に起きているし、狙われた以上は仕方のないことだと思われている。でも、それは本当に仕方がない痛みなのだろうか。そうだとしたら、性暴力に対して、社会はあまりに無力ではないだろうか。

この国が、性暴力被害者がその後の人生を生きていこうとする時に、その力を奪うような刑法を擁《よう》している国であることを知っておいてほしい。そのうえで、暴力に対する心の自由とは何なのかを考えてみてほしいのだ。

被害者も加害者も、わたしたちのうち全員が、国家に心の自由を侵害されない権利を持っている。それは何のための自由だろうか。わたしは、性的同意を得ずに性行為をするための心の自由ではない、と思う。わたしたちには性的同意をする自由がある。そのために努力をする自由がある。だからこそ、心の自由が保障されなければいけないのだ。

刑法はわたしたち性暴力被害者の声を聞き、史上類を見ないスピードで進化した。それでもまだ足りない。被害者ではなく加害者に、どのようにして同意を得たのかを立証させるYes means Yes型の性暴力規定とするべきだと思う。そうしなければ、心の自由だけでなく、性的同意をする自由を確保することができないからだ。

性的な傷つきを経験した後でも、人は再び同意のある関係を築くことができる。自分から進んで性的な触れ合いに同意できる関係。それはお互いの勇気と努力なしでは成立し得ない。そして人間は、努力が必要だからこそ感動する。同意が難しい立場にいるふたりであっても、人一倍努力が必要な事情があっても、自分を主語にして同意を選び取ることはできる。わたしたちには、その自由があるのだ。

あなたはどんな社会をつくりたいだろうか。あなたが暴力を受けた時に、あなたのことを「暴力を受けるような人だった」と言う人がいたら、その人は何もわかっていない人だと思う。助けを求めることをあなたに躊躇《ためら》わせるような社会であるとしたら、そんな社会の一部であることを恥ずかしいと感じる。そして、そう感じたら、必ずあなたを差別する人に伝えると思う。沈黙が性暴力を許し、心の自由を奪っていることを知っているからだ。だから性暴力に遭ったとしても、どうか生きることをやめないでほしいと思っている。わたしも今日を生きる。だからあなたも生きてほしい。

わたしは、性暴力について理解したいと思いながら生きてきた。それでもまだ、性暴力についてわからないと思うことの連続だ。わからなくても語り続け、仲間とともに、ようやくここまでたどり着いた。

ユパが「見に行こう」と言ったもっと広い世界とは、どのような世界のことだろうか。そう問われて思い描く答えは、ひとりひとり違っているだろう。違っていていいのだと思う。違っていても一緒に考えることをやめないことが大切なのだ、と思っている。

おわりに

小学生の娘たちは、白い靴下《くつ》が真っ黒になるまで、公園でぴょんぴょん飛び跳ねて遊ぶ。わたしは心配のしすぎだったことに気がつく。この子たちもまた遊びの天才なのだ。

そんな姿を見守りながら、わたしは、彼女たちの未来に性暴力があった時に、どんな社会を用意できているだろうかと考える。社会、つまりどのような刑法を用意できているのだろうかと。

二〇二三年の通常国会で、日本の歴史上はじめて、刑法に「同意」という言葉が盛り込まれようとしている。この新しい刑法の草案をまとめるなかで、刑法学者が語った。

「性犯罪における要証事実は何かといえば、〔中略〕性的行為の時点における被害者側の心理状態なのです。〔中略〕被害者にとって行動の選択肢がなくなってしまうような、つまり、他の意思の形成・表明・貫徹が困難になるような心理状態なのだろうと思います」（法務省法制審議会刑事法（性犯罪関係）部会二〇二三年一二月一九日開催第一二回会議議事録より抜粋）

このような理解を引き出すことができたのは、「性暴力とは同意のない性的行為のことだ」というわたしたち性暴力被害者の言葉が伝わった結果だと感じている。

素直に嬉しいと感じる一方で、娘たちが将来法廷に立ち、そこで心理状態を解き明かされる姿を想像すると、心は千々に乱れる。性暴力について知識のない法律家たちに囲まれ、内心の自由を侵害されるなんて、あまりに残酷すぎるではないか。

娘たちは、テレビや新聞で性暴力被害者として語るお母さんを観て知っている一方で、ＰＴＳＤの症状が出て寝込むお母さんも知っている。でも、知らないことも多い。たとえば性暴力被害者が顔と名前を出して語ることや、辛い時には堂々と休むことが、この社会ではまだ当たり前ではないということを知らない。だからこそ、わたしは胸を張って生きることにする。彼女たちがこんな残酷な現実を知る前に、社会を変えてしまいたいから。

この社会はそれができる社会だ、と信じている。

もっと遠くまで走っていける、と信じている。

池田鮎美　いけだあゆみ

一九八一年、新潟県生まれ。

早稲田大学卒業後、雑誌・書籍のライターとして活動していたが、
二〇一二年、取材中に性暴力を受けた衝撃から、書くことができなくなる。

二〇一七年、一般社団法人Springの設立に参加。同団体の発行するメールマガジン「すぷだより」に寄稿しながら、書くことを取り戻す。

それからは、言葉と感情が離れないように細心の注意を払いながら書いている。

共著に『マスコミ・セクハラ白書』（文藝春秋）。

性暴力を受けたわたしは、今日もその後を生きています。

2023年5月21日　初版発行

著者　池田鮎美

cover 写真　南 阿沙美

装丁　　柳 裕子
発行者　羽田ゆみ子
発行所　梨の木舎
101-0061　東京都千代田区神田三崎町 2-2-12 エコービル 1 階
TEL：03-6256-9517　FAX：03-6256-9518
contact@nashinoki-sha.com
https://www.nashinoki-sha.com/

印刷・製本　株式会社　厚徳社
ISBN 978-4-8166-2305-9　C0036

「今ここ」神経系エクササイズ

「はるちゃんのおにぎり」を読むと、他人の批判が気にならなくなる。

浅井咲子 著　A5変判／ 104頁／定価1600円+税　　5刷

たった5つの動作で、神経の下ごしらえ（=自己調整）ができます。

あなたらしく生きるためのサーモモード（=マイルドな神経系）を育てましょう！

◉目次　おはなし　はるちゃんのおにぎり／はじめに／１章　神経系のはなし／２章　５つのエクササイズ～神経の下ごしらえ／３章　サーモモードをつくり、レジリエンスのある生活へ／４章　神経系の発達／５章　気づきが癒し／参考文献／あとがき

978-4-8166-1707-2

「いごこち」神経系アプローチ

～ 4つのゾーンを知って安全に自分を癒やす

浅井咲子 著　A5変判／ 136頁／定価1700円+税　　2刷

大人気『「今ここ」神経系エクササイズ』の待望の続編。

育児、教育、仕事、恋愛、介護など社会生活をするなかで、自分のことも、他者のことも「厄介、うっとうしい、ややこしい」、と思うことはありませんか?

その苦しみの根底に潜んでいるのは、実は「トラウマ」。過去の「サバイバル戦略」であり、あなたの性格のせいではないのです。

トリガー（引き金）を理解し、自身を癒やし ＜いごこちをよくする＞ チャンスにしていきましょう。

978-4-8166-2102-4

傷ついたあなたへ

――わたしがわたしを大切にするということ　　　6刷

NPO 法人・レジリエンス 著
A5判/104頁／定価1500円＋税

◆ＤＶは、パートナーからの「力」と「支配」です。誰にも話せずひとりで苦しみ、無気力になっている人が、ＤＶやトラウマとむきあい、のりこえていくには困難が伴います。
◆本書は、「わたし」に起きたことに向きあい、「わたし」を大切にして生きていくためのサポートをするものです。

978-4-8166-0505-5

傷ついたあなたへ 2

――わたしがわたしを幸せにするということ　　　3刷

NPO 法人・レジリエンス 著
A5判／ 85頁／定価1500円＋税

ロングセラー『傷ついたあなたへ』の２冊目です。Ｂさん（加害者）についてや、回復の途中で気をつけておきたいことをとりあげました。◆あなたはこんなことに困っていませんか？

悲しくて涙がとまらない。どうしても自分が悪いと思ってしまう。明るい未来を想像できない。この大きな傷つきをどう抱えていったらいいのだろう。

978-4-8166-1003-5

マイ・レジリエンス
――トラウマとともに生きる　3刷

中島幸子 著
四六判／ 298頁／定価2000円＋税

DV をうけて深く傷ついた人が、心の傷に気づき、向き合い、傷を癒し、自分自身を取り戻していくには長い時間が必要です。４年半に及ぶ暴力を体験し、加害者から離れた後の 25 年間、PTSD（心的外傷後ストレス障害）に苦しみながらうつとどう向き合ってきたか。著者自身のマイレジリエンスです。

978-4-8166-1302-9

愛を言い訳にする人たち
――DV加害男性700人の告白

山口のり子 著
A5判/192頁／定価1900円＋税

◉目次　1章 DVってなんだろう?／2章 DVは相手の人生を搾取する／3章 DV加害者と教育プログラム／4章 DV加害者は変わらなければならない／5章 社会がDV加害者を生み出す／6章 DVのない社会を目指して
◆加害者ってどんな人?　なぜDVするの?　加害男性の教育プログラム実践13年の経験から著者は言う、「DVに関係のない人はいないんです」

978-4-8166-1604-4

しゃべり尽くそう！ 私たちの新フェミニズム

望月衣塑子・伊藤詩織・三浦まり・平井美津子・猿田佐世 著
四六判/190頁／定価1500円＋税

◉目次　言葉にできない苦しみを、伝えていくということ・伊藤詩織／女性＝アウトサイダーが入ると変革が生まれる――女性議員を増やそう・三浦まり／「先生、政治活動って悪いことなん?」子どもたちは自分で考えはじめている――慰安婦」問題を教え続けて・平井美津子／自発的対米従属の現状をかえるために、オルタナティブな声をどう発信するか――軍事・経済・原発・対アジア関係、すべてが変わる・猿田佐世

978-4-8166-1805-5

HSP《ハイリー・センシティブ・パーソン》 強み de ワーキング

皆川公美子 著
A5判/180頁／定価1700円＋税

◉目次　1章 HSP（ハイリー・センシティブ・パーソン）とは／ 2章 HSPと非HSPとの違い／ 3章 HSP共通の強みとはスムーズに成果をだすために／ 4章 洞察系・共感系・感覚系HSP 私キャラを活かして働く／ 5章 HSPの強みを活かす生き方の妨げとなるもの／ 6章 小さな得意を積み重ねた先の、私を「活かす」働き方
推薦：浅井咲子・武田友紀・田中潤・辻信一 各氏

978-4-8166-2302-8